发展、调整与突破

两岸经贸合作30年的回顾与展望

盛九元 吴中书 陈丽丽 等 著

资助单位：闽南师范大学台商研究中心
上海市哲社办一般课题"两岸经济融合对和平统一的二重影响评估：模式调整与政策重构"（编号：2018BJ1006）

上海社会科学院出版社

目 录

第一章 台资企业在大陆的发展、影响因素与特点 ……………………… 001
 第一节 台资企业在大陆的发展 ……………………………………… 003
  一、有关台资企业直接投资政策回顾 ……………………………… 003
  二、台资企业直接投资变化 ………………………………………… 005
  三、台商在大陆的投资阶段分布 …………………………………… 008
 第二节 台商投资大陆的动因分析 …………………………………… 017
  一、大陆经济发展为实现两岸经济共同发展提供了广阔的空间 … 017
  二、大陆积极推动两岸经贸合作 …………………………………… 018
  三、台商投资有效地推动了大陆经济的发展 ……………………… 021
  四、两岸经贸交往有助于台资企业保持稳定增长 ………………… 027

第二章 新情势下的台商区域布局趋势 …………………………………… 029
 第一节 影响台商区域布局之因素 …………………………………… 030
  一、台商区域布局的转变 …………………………………………… 030
  二、影响台商区域布局的经营环境因素 …………………………… 032
 第二节 新情势发展对台商区域布局的影响 ………………………… 039
  一、大陆法制改革与市场扩大开放措施 …………………………… 040
  二、东盟内需市场与政策诱因 ……………………………………… 042
  三、美国新经贸政策与贸易摩擦 …………………………………… 043
  四、台商投资布局的可能趋势与面临议题 ………………………… 046

第三章　大陆台资企业的转型升级与发展 ………………………… 051
第一节　大陆台资企业转型升级的理论分析 …………………… 051
一、企业转型升级理论及主要方式 ……………………………… 051
二、大陆台资企业转型升级的现状 ……………………………… 053
第二节　台湾在大陆产业集聚的成因及趋势分析 ……………… 054
一、台资企业投资与集聚成因分析 ……………………………… 054
二、台资企业集聚的政策及路径选择 …………………………… 058
三、台资企业在长三角地区产业集聚的特征及局限性 ………… 060
第三节　台资企业在经营中遇到的问题及发展趋势 …………… 065
一、当前台资企业转型升级面临的挑战 ………………………… 065
二、台资企业发展与转型升级面临的相关问题 ………………… 067
第四节　推动大陆台资企业转型升级的方式与路径 …………… 070
一、推动两岸产业形成合理的分工与整合布局 ………………… 071
二、相关合作平台等应进一步发挥促进台资企业转型升级的作用 …… 071
三、以新兴产业作为促进台资企业转型升级的重点领域 ……… 073
四、加快向服务业领域转型 ……………………………………… 073
五、完善台资企业合作推进转型升级的方式 …………………… 074
六、台资企业开展转型升级的基本策略 ………………………… 075

第四章　"新经济"对台商投资布局的影响 …………………………… 076
第一节　中国"新经济"的发展 …………………………………… 076
一、中国"新经济"发展的理念与趋势 ………………………… 077
二、中国"新经济"发展概况及对产业发展的影响 …………… 079
第二节　"新经济"对台商投资布局的影响及两岸合作机会 …… 083
一、台商在"新经济"下的发展特点 …………………………… 083
二、"新经济"下台商在大陆投资布局转型趋势 ………………… 087
三、"新经济"之下两岸的合作机会 ……………………………… 089
四、结论与建议 …………………………………………………… 090

第五章 两岸高新技术产业合作的形成与发展 …… 092

第一节 两岸产业的合作模式与区域选择 …… 093
一、当前两岸产业合作的主要模式 …… 093
二、两岸合作的产业区域结构分析 …… 095

第二节 台湾高科技产业在国际分工中的地位及特征 …… 096
一、台湾高科技产业在国际分工中的地位 …… 096
二、台湾高科技产业的特征 …… 099

第三节 台资高科技企业投资大陆的发展与调整 …… 103
一、台资高科技企业投资大陆的基本形态 …… 103
二、台商高科技产业运作模式分析 …… 105
三、两岸产业合作呈现多元化形态 …… 106

第四节 两岸高新技术产业合作展望 …… 109
一、两岸高科技产业发展比较 …… 109
二、两岸高新技术产业发展比较 …… 111
三、两岸高新技术产业合作的路径分析 …… 120

第六章 新金融对台商投资布局的影响 …… 122

第一节 关于新金融 …… 122
一、新金融概念 …… 122
二、互联网金融 …… 123
三、金融科技 …… 125

第二节 两岸在新金融领域的发展现状及趋势 …… 127
一、大陆新金融发展现状与趋势 …… 127
二、台湾新金融发展现状与趋势 …… 131

第三节 新金融对台商投资布局的影响 …… 134

结论 …… 136

第七章 两岸金融合作的回顾与展望 …… 138

第一节 两岸金融合作的历程与特征 …… 138
一、两岸金融合作的基本历程 …… 138

二、两岸金融合作的特征 …………………………………………… 143
第二节　两岸金融合作深化与发展的理论支撑与现实需求 ……………… 144
　　一、签署货币清算合作备忘录后人民币流动趋向的理论分析 ……… 144
　　二、两岸金融合作的效应分析 ………………………………………… 146
　　三、两岸货币直接兑换效应的量化分析 ……………………………… 151
第三节　两岸金融合作的进展与趋势分析 ………………………………… 156
　　一、两岸金融合作的进展 ……………………………………………… 157
　　二、台湾金融业的发展状况 …………………………………………… 159
　结论 …………………………………………………………………………… 166

主要参考文献 …………………………………………………………………… 169

第一章 台资企业在大陆的发展、影响因素与特点

20世纪80年代，中国台湾地区经历了一轮经济腾飞之后，出现了新台币升值、劳动力成本上升、地价飙升、环境污染严重、民众环保意识觉醒等现象，导致岛内投资环境恶化、部分产业比较优势丧失。当时大陆低劳动力成本和低土地租金，加上大陆积极的对外开放政策（市场准入），地方政府在招商引资方面的竞争给台商带来了大量的投资优惠（租税优惠）；还有大陆潜在的市场需求，使得大陆成为台商产业转移的良好选择。台湾企业境外投资布局自1970年赴东南亚和发达国家直接投资开始，这一时期赴发达国家投资既为获得境外市场，也为更便捷地吸收境外的先进技术、优质技术人员；而赴东南亚国家则主要是获取当地市场和廉价劳动力等。到20世纪90年代初，台商的对外直接投资开始转向大陆，[①] 从长期看其一直保持上升态势，按核准数额计，其于2002年开始超过台资企业在其他国家和地区的直接投资。然而，与台商在大陆直接投资绝对金额呈螺旋式上升相反的是，台资企业在大陆直接投资的相对强度（直接投资的相对强度等于台资企业对大陆的直接投资在总境外投资对大陆直接投资中的占比除以台资企业对外直接投资在全球总对外投资中的占比）从1994年开始就一直呈下降趋势。

中国大陆制造业起步很大部分是从承接外部产业转移开始的，其中承接外部产业转移很大一部分是经由台资实现的，目前台资是大陆吸引境外资金的主要来源之一。台资最初将其劳动密集型的代工产业转移到与其比邻的福建地区，随后扩张到以广东为主的"珠三角"地区和以上海为代表的"长三角"地区。随着多年发展，台资在大陆的投资目的开始由以代工出口为主向扩

[①] 书中所及"对外"如无特殊说明均指"境外"。

大大陆市场转变；投资产业层次也不断升级，从简单劳动密集型为主到资本密集型，再到向技术和知识密集型转变；投资区位也开始出现由沿海地区不断向内陆延伸，由东部地区向西部、北部扩散的趋势。目前大陆整体劳动力成本、土地成本不断上升（特别是东部地区），人民币升值，发展速度开始进入新常态，这些情况与台湾当初腾飞后进行产业转移时的情形类似，不同的是大陆有庞大的市场规模，且不同地区之间在劳动力成本、土地成本等因素方面存在非常大的差异。如果说沿海发达地区众多企业面临转型升级、产业转移的问题，那么中西部待发展地区，在承接产业转移上就与其他地区（例如东南亚国家）存在一个竞争关系。在先富带动后富的过程中，是让中西部地区人口流入东部发达地区，还是为中西部地区创造更多就业机会问题，超出本章讨论范围。本章仅从台资企业在世界范围内投资选择出发（见图1-1、图1-2），考察影响台资企业对外直接投资的因素，特别是劳动力成本对台商直接投资的影响。

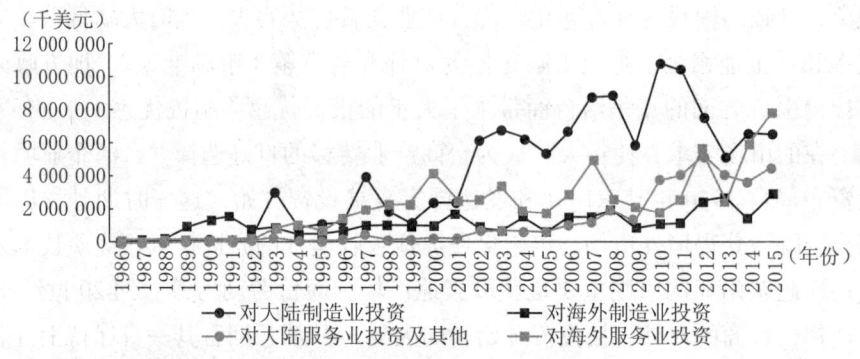

图1-1 1986—2015年台资企业对大陆与海外直接投资流量对比（按产业）
资料来源：台湾经济主管部门投资审议委员会（简称"投审会"）。

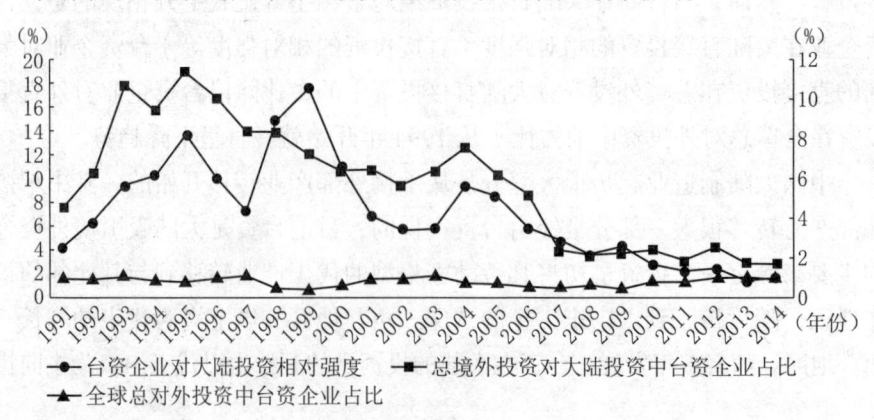

图1-2 1991—2014年台资企业对大陆投资相对强度
资料来源：台湾经济主管部门投资审议委员会。

改革开放初期，台资是大陆吸收境外资金的重要来源，台湾也是大陆承接境外资金产业转移的主要来源地区。目前大陆经济增速，开始进入中高速发展阶段，在此阶段，各地区和产业部门都面临着转型升级的问题。例如，近年来大陆长三角和珠三角一带"台资满溢"，当地政府已经开始由引资转化为选资，部分地区开始着手"腾笼换鸟"，而中西部地区仍然有待发展。在此背景下考察台商对大陆直接投资动因和区位选择影响因素的变化，既为两岸产业合作深化提供参考，也为进一步探索台资企业在大陆发展提供借鉴。

第一节 台资企业在大陆的发展

台资企业在大陆的发展既有全球化因素的推动，也有大陆在改革开放过程中不断释放的政策利多以及针对台资企业的直接优惠措施的推动。因此，对两岸涉及台资企业投资的相关政策进行回顾，有助于更深入地了解台商在大陆发展的基本脉络。

一、有关台资企业直接投资政策回顾

1979年大陆发表《告台湾同胞书》，两岸长期相互隔绝的状况取得了历史性的突破，两岸经贸交流开始有所发展。总体来看，大陆发布《告台湾同胞书》，积极释放善意，宣布和平统一祖国的大政方针，表明大陆对台政策已从"解放台湾"向"和平统一、一国两制"的转变，但是台湾当局坚持所谓的"不接触、不谈判、不妥协"的"三不政策"，严格禁止两岸人员往来，使得两岸沿海民间经贸活动只能在隐蔽状态下进行。

进入20世纪80年代后，在大陆积极务实的政策推动下，台湾当局对大陆经贸政策出现了某些松动迹象。80年代前期，台湾民间多次举办以"大陆经济"为主题的研讨会，着重指出台湾当局必须重视大陆改革开放的巨大影响，并要求当局改变严苛的大陆政策，发展两岸经济交流。当时，台湾当局虽然没有改变"三不政策"的立场，但是放宽了从港澳地区输入岛内的1 157种商品的限制。1984年，当局首次公开表示对两岸的转口贸易采取默许态度。

1987年11月，台湾当局迫于政治和经济的压力采取了一些主动积极开

放措施，以增进两岸民间互动。例如，开放台湾同胞赴祖国大陆探亲，随后进一步放松了对两岸间接经贸活动的限制，两岸经贸交流在隐蔽状态下走向半公开化，但是绕道间接往来的方式没有改变，经贸交流也在间接往来的架构下逐步展开。大陆于1988年适时颁布了《关于鼓励台湾同胞投资的规定》，从税收及土地取得等方面给予台资企业一系列政策优惠，进一步促进了台资企业来大陆投资的意愿，两岸人民往来日益频繁，两岸经贸交流逐渐活跃起来。随着两岸关系日益密切、互动频繁，所牵涉的法律、金融、贸易事件也随之而来。为此，台湾当局于1989年再次修正"对外投资及技术合作审核处理办法"，对投资的流出方式、投资的行业种类、产品的范围都作了大幅度的放宽，并简化了审批流程；1990年通过"对大陆地区投资及技术合作管理办法"，1991年制定"大陆地区产业技术引进许可办法"，并且于1992年颁布了"台湾地区与大陆地区人民关系条例"，期望以制度化的方式，规范两岸民众交流，从此，台资企业投资大陆得以"除罪化"。1991年，台湾当局宣布允许台资企业赴大陆投资，经过一年的政策效应的时滞和投资者的试探过程，1993年出现了台资企业赴大陆投资的井喷之势，投资额较1992年增长了1 182.75%。可见台资企业投资大陆的意愿多么强烈；1994年，大陆第一部有关台湾同胞在大陆投资的法律《台湾同胞投资保护法》颁布，标志着大陆对台资的政策走上更加规范化的轨道。到了1996年，台资投资金额为12.29亿美元，占对外投资比重为36.21%，这些举措引来了台资企业投资大陆的第一波热潮。这一阶段，台资企业投资大陆的主要原因是与大陆同文同源、地理位置接近、投资障碍较少，并且大陆优惠的政策和廉价的劳动力使大陆的区位优势更加明显。投资主要是以劳动密集型加工业和传统农业为主。

2008年，马英九当选中国台湾地区领导人以后，大陆积极寻求两岸对话，经过海峡两岸关系协会（简称"海协会"）与台湾海峡交流基金会（简称"海基会"）的多次协商，于2010年6月29日，海峡两岸关系协会会长陈云林和台湾海峡交流基金会董事长江丙坤在重庆签署《海峡两岸经济合作框架协议》(Economic Cooperation Framework Agreement，ECFA)及《海峡两岸知识产权保护合作协议》；同年8月17日，台湾当局通过ECFA，9月12日，ECFA正式生效。ECFA的签署，预示着两岸经贸合作实现了飞跃，为台资企业投资大陆奠定了基本的制度框架，随后两岸于 2012 年签署了 ECFA 的后续协议《两岸投资保障协议》，进一步为台资企业投资大陆提供有力保障。ECFA 的签署，对台商投资大陆的促进作用十分显著。据商务部统计，2010 年及 2011 年大陆实际利用台资分别为 67.01 亿美元及 67.27 亿美元，在对大陆投资的国家/地区中，仅次于中国香港地区，位列第二。近年来，大陆经济结构转型迫在眉睫，承借 ECFA 的签署，大陆在产业结构升级上可以借助台商的力量，推进两岸产业对接，在更多领域放宽及吸引台商投资。

总的来看，从蒋经国时期的"三不政策"到李登辉时期的"戒急用忍"政策，再到马英九时期的"积极管理、有效开放"政策，台湾当局始终以消极的态度对待台资企业投资大陆。而大陆 30 多年来积极出台了多项鼓励台资企业来大陆投资的政策，为台商在大陆投资提供了便利。同时也要看到，随着大陆法制的进一步完善和大陆对境外投资优惠政策的变动，也对大陆台商造成了一定的影响。例如，新劳动法的实施，加强了对劳动者合法权益的保护，同时也对企业的用工成本造成了影响；2008 年"两税合一"政策的实施（一般境外投资企业纳税由 15% 恢复到内资企业的 25%，取消了"超国民"待遇，高科技企业仍保留 15% 税率）使得部分企业税负加重；等等。这些变化也对台资企业在大陆投资造成了负面影响。

二、台资企业直接投资变化

1983 年，台商高新平以通过香港转投资的方式，在厦门注册成立"三德兴电子有限公司"，这是最早在大陆投资的台资项目之一。经过了近 30 年的发展，台商对大陆的投资在投资规模、投资主体、投资区位、投资产业等方面都有了一定的变化。就投资平均规模而言，前期规模较小，大多属于试探性投资，随后台商平均项目规模呈不断上升趋势。与这种规模变化相应的是对大陆投资主体的变化，前期台商对大陆的投资以中小企业居多，之后大中型企业开始逐渐成为对大陆投资的主体。虽然台湾对大陆直接投资的绝对数额变动较大，但总体上保持向上趋势（见图 1-3）。从台湾对外总投资额（包括大陆和海外）来看，其绝对数额虽然有波动，但也基本上保持一个向上趋势（见图 1-4、图 1-5 和表 1-1）。基于此，可以大胆推测未来台商对大陆的直接投资绝对数额仍将继续上升。

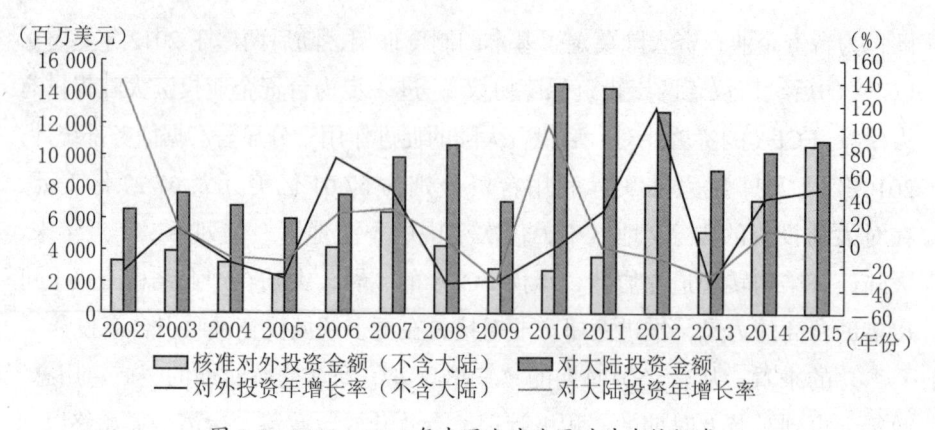

图 1-3　2002—2015 年中国台湾地区对外直接投资

资料来源：根据中国台湾地区经济主管部门投审会网站数据整理。

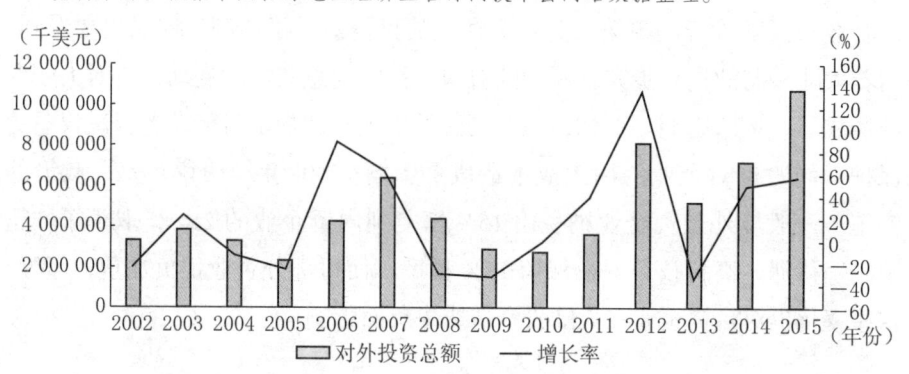

图 1-4　2002—2015 年中国台湾地区对外直接投资总额

资料来源：根据中国台湾地区经济主管部门投审会网站数据整理。

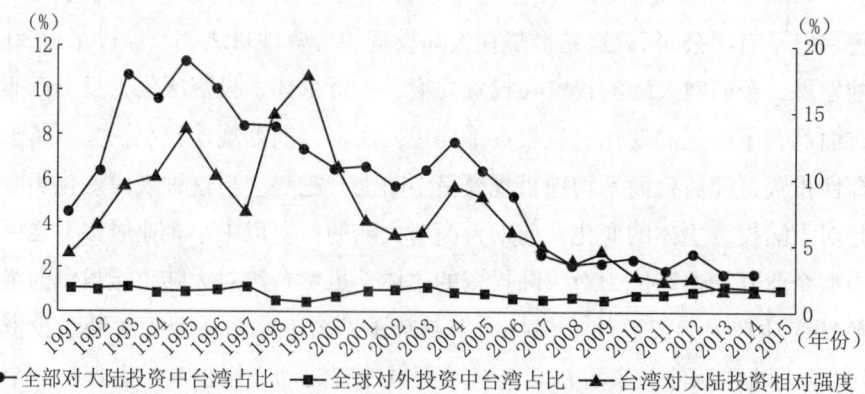

图 1-5　1991—2015 年中国台湾地区对外投资在大陆及全球的占比

资料来源：根据中国台湾地区经济主管部门投审会网站数据整理。

表 1-1 中国台湾地区对外投资在大陆及全球的占比

年份	全部对大陆投资中台湾占比（%）	全球对外投资中台湾占比（%）	台湾对大陆投资相对强度
1991	4.57	1.03	4.42
1992	6.37	0.97	6.55
1993	10.67	1.11	9.61
1994	9.55	0.93	10.31
1995	11.41	0.84	13.62
1996	10.04	0.98	10.23
1997	8.43	1.13	7.46
1998	8.33	0.56	14.79
1999	7.27	0.41	17.65
2000	6.41	0.58	11.13
2001	6.45	0.94	6.87
2002	5.64	0.98	5.74
2003	6.36	1.07	5.92
2004	7.53	0.80	9.46
2005	6.31	0.74	8.57
2006	5.14	0.55	5.84
2007	2.53	0.51	4.93
2008	2.16	0.60	3.58
2009	2.29	0.53	4.29
2010	2.39	0.83	2.87
2011	1.86	0.82	2.26
2012	2.52	1.00	2.51
2013	1.76	1.09	1.61
2014	1.69	0.96	1.75

资料来源：根据中国台湾地区经济主管部门投审会网站数据、商务部网站数据、联合国贸发会议数据、许小树（2013）数据整理。

三、台商在大陆的投资阶段分布

以两岸关系发展及贸易、投资的规模与层次为依据，两岸经贸交流交往大致可以分为五个阶段。

第一阶段：试探阶段（1979—1987年）

1979年之后，大陆进入了全面经济建设的新阶段，这一战略发展目标的调整也推动着两岸局势从对峙走向缓和，其标志性的政策变化体现在1979年元旦全国人大常委会委员长叶剑英发表的《告台湾同胞书》。这是大陆首次正式提出"和平统一、两岸谈判、实现'三通'"的主张，[1] 两岸经贸关系也从中断转向恢复，其表现形式主要是两岸通过中国香港地区的转口贸易，进而引发或带动其他尚处在萌芽中的经贸交流活动（包括零星投资、海上小额贸易等）。1979—1987年，两岸通过香港的转口贸易货值从0.78亿美元迅速增至15.15亿美元，增长了18倍，其中台湾货物经香港输往大陆的货值从0.22亿美元增至12.27亿美元，增长了55倍。[2] 在两岸贸易的推动下，台胞逐步开始在大陆进行试探性投资（集中于珠三角与厦门地区），呈现出零星、分散、隐秘、少量等特征，并通常借用华侨名义进行，以避免相应的政治风险（当时台湾当局禁止台胞在大陆从事旅游、经商、投资等活动）。从1981年大陆出现第一家台资企业起，至1987年年底，台商累计投资项目80余项，金额1亿余美元。[3] 这一阶段，两岸经贸交往是建立在互通有无基础上的，尚未形成有效的经济合作形式。

第二阶段：成长阶段（1988—1991年）

1987年，台湾当局迫于岛内和国际政治压力，正式宣布解除"戒严"状态（自1949年起，台湾总计实施长达38年的"戒严"），逐步放宽外汇管制措施，并开始实行经济自由化政策，开放民众赴大陆探亲，两岸交往得到

---

[1] 叶剑英：《中华人民共和国全国人大常委会〈告台湾同胞书〉》，《人民日报》1979年1月1日。
[2] 王建民、张冠华、曹小衡主编：《海峡两岸经济贸易投资大全》，东方出版社1993年版，第288页。
[3] 国务院台湾事务办公室编印：《两岸经贸合作的形势与特点》，《台湾工作通讯》1993年6月，第16页。

有限度的开放,经济关系也因此呈现逐步活跃的状态。随着两岸经贸交流交往的发展,贸易往来与企业投资互动的局面开始形成。在此基础上,两岸经香港的转口贸易不断扩大,台湾产品输往大陆的数量也日益增加。从统计数据上看,在1988—1991年,大陆进口台湾商品的金额由22.42亿美元增至46.67亿美元;在引进台湾产品结构中,以人造纤维纱布、电机与电子零组件、塑胶原料及机械设备为主,上述产品占台湾对大陆转口输出总额的69.97%。[1] 在贸易往来日益密切的带动下,台商赴大陆投资设厂也迅速增加。据大陆有关方面统计,台商投资从1988年的435项、5.2亿美元增至1991年的1 735项、13.9亿美元,[2] 台资成为大陆重要的境外投资来源地,且投资的领域与范围日益扩大。从两岸经贸交往的途径分析,基本是通过中国香港地区和新加坡进行的,由此显示,这种经贸交往本身就与东亚其他地区的经济体之间形成紧密的结合。两岸以香港为中转基地,全力拓展经贸交往的规模,进而形成大陆—香港—台湾密切的贸易往来模式,并成为亚太经贸网络中重要的组成部分。

第三阶段:发展阶段(1992—1996年)

20世纪90年代是经济全球化快速发展的时期,也是大陆改革开放不断深化以及台湾开始经济转型的时期。1992年后,以浦东开发开放为标志,大陆南方沿海地区进入高速增长阶段,两岸经贸交流交往也随之进入快速扩张期,互补互利、同文同源的优势使得台商在大陆的投资发展呈现出跨越式增长的态势,而且在投资的深度与广度上都出现新的变化。受当时岛内总体成本持续上升的影响,台商加快产业外移步伐,由此也推动着海外生产比重的快速上升,投资带动贸易的特点日益明显。需指出的是,借助向大陆的产业或产能转移,不仅使台湾的传统产业得以延续,而且也为岛内进行产业调整提供了相应的发展空间,电子信息产业由此进入高速发展期,并很快成为台湾制造业中的主导性产业,尤其是晶圆代工与面板产业更是在短时期内就跃居全球前列(从产值与市场占有率角度),从而实现产业的升级与产业链

---

[1]《两岸经贸往来之特征分析》,台湾《"自由中国"之工业》1991年9月,第4页。
[2] 王建民、张冠华、曹小衡主编:《海峡两岸经济贸易投资大全》,东方出版社1993年版,第288页。

的延伸，成为全球高科技产业分工中重要的一环（硅谷—新竹电子信息产业链就是此时形成的），继续在国际产业分工中保持相对领先的优势。从实际运行模式看，两岸经贸交往已经超越商品贸易往来的形式，形成台湾通过其他地区和国家（主要是中国香港地区、新加坡）向大陆出口机器设备及中间制成品（据统计，1991年大陆台商从台湾进口的产品中，53%为机器设备、25%为工业原材料），① 并利用大陆成本低廉的优势（劳动力、土地及税收优惠等）进行加工装配，而最终产品主要出口到美国及欧洲、日本等，构建起复杂的三角贸易关系，而大陆也借此途径进一步加入全球产业分工的循环中。在这一循环中，大陆与台湾作为东亚重要的经济体，不仅相互间形成密切的经济循环，同时也作为子系统参与全球经济的循环，并在循环中形成相互影响、相互制约的经济合作关系，经贸往来日益密切。

据台湾经济主管部门统计，截至1993年6月3日，台商赴大陆投资共计7 438家，实际投入金额20.32亿美元，平均单项规模为27万美元。大陆逐步成为台湾最大的对外投资地区，且这一势头持续增强。与初期以中小企业、劳动密集型企业为主的投资行为不同，在这一时期，台湾资本密集型企业、大企业（百大财团企业）开始大幅度增加对大陆的投资，如久津实业、中兴纺织、致福、大成长城等10家上市公司提出12项大陆投资计划先后获准。在投资带动下，两岸贸易持续攀升。据中国香港地区海关统计，1993年，经香港的间接贸易额达86.9亿美元，其中台湾出口到大陆为75.9亿美元，大陆出口至台湾11亿美元。②

从1993年起，中国大陆已成为仅次于美国与日本的中国台湾地区的第三大贸易伙伴。当年，中国台湾地区对美国、日本，以及中国大陆的贸易额分别为402亿美元、232亿美元与151亿美元。此外，从1993年起，中国大陆已经成为中国台湾地区第二大出口市场，仅次于美国。如果将台湾对香港的贸易也计入对大陆贸易，从1994年起，大陆就已经成为台湾的最大出口市场。根据台湾海关统计，在1994年台湾对大陆（包括香港）以及美国、

---

① 王建民、张冠华、曹小衡主编：《海峡两岸经济贸易投资大全》，东方出版社1993年版，第290页。
② 数据来源为大陆海关统计。

日本出口的金额分别为342亿美元、309亿美元及119亿美元。① 与此相比较，从1990年起，中国台湾地区就成为中国大陆的第四大贸易伙伴，仅次于日本、美国，以及中国香港地区。当年，中国大陆对日本、美国及中国香港、中国台湾地区的贸易额分别为166亿美元、118亿美元、409亿美元、52亿美元。此外，1993年，中国台湾成为仅次于日本的大陆第二大进口来源地，当年中国大陆从日本与中国台湾地区分别进口233亿美元与140亿美元，② 显示两岸经贸在短期内就呈现爆发性的增长态势。

从两岸贸易的产品结构分析，明显呈现互补性特征。根据台湾海关统计，台湾对大陆的出口主要集中在四大类产品上，③ 包括塑料、橡胶及其制品（第7类），纺织原料及纺织品（第11类），基本金属及其制品（第15类），电子、机械用具及相关零件（第16类）。上述四类产品在1992年占台湾对大陆出口的61%，1994年为75%，1996年为77%。台湾对大陆出口的结构与同时期台湾整体对外出口结构非常类似，也与大陆同期对外出口的产品结构相近。从数据上看，1992年，第15类只占台湾对大陆出口的5%、第16类占25%，到1998年分别达到13%、33%，而这两类产品占台湾对大陆出口的46%。相对而言，第12类（鞋类、头饰、人造花等）在1992年占台湾对大陆出口的16%，但到了1996年已衰退至3%。这一趋势与台商到大陆投资有相当密切的关系，反映在两岸贸易结构中，由于劳动密集型产业已基本转移至大陆，因而贸易品种转移以工业中间产品为主，④ 产品结构呈现明显的上升态势。与此相对应，台湾自大陆的进口也主要集中在四大类产品上：矿产（第5类），化学及有关产品（第6类），基本金属及其制品（第15类），电子、机械用具及相关零件（第16类）。上述四大类产品在1992年占台湾自大陆进口总额的61%，1996年上升至69%。需指出的是，第16

---

① 数据来源，台湾"陆委会"。参见高长、吴瑟致：《东亚经济区块化的大陆因素与台湾角色》，《经济情势暨评论》2004年第11期，第69页。
② 《大陆暨两岸经济情势报告》(1997—1998年)，台湾"中华经济研究院"1999年，第212—219页。
③ 根据 Harmonized Tariff Schedule（HS）的系统，贸易项目总共分为22大类。
④ 《大陆暨两岸经济情势报告》(1997—1998年)，台湾"中华经济研究院"1999年，第212—219页。

类产品的比重在1992年只占台湾从大陆进口的0.3%，到1998年快速攀升至37%。相比之下，植物产品（第2类）在1992年占台湾从大陆进口的15%，到1996年仅为5%。第5类产品在1992年占28%，但是到了1996年只剩下11%。由此可见，随着两岸经贸互动的日益密切，台湾从大陆的进口不再以农产品或工业原料为主，而是与台湾对大陆投资的部门（第15、16类）密切相关，[①]显示出在两岸产业合作中已呈现出明显的垂直分工特点。

第四阶段：调整阶段（1996—2008年）

1995年后，随着李登辉访美风波以及台海导弹危机的发生，两岸关系陷入空前的低迷状态，并对两岸经贸交流产生直接影响，尤其是1996年后，由于李登辉提出的"戒急用忍"政策，更直接转换为具体的限制性政策措施，从而对两岸经贸交往特别是台商投资形成明显的阻滞效应。据台湾经济部门"投审会"统计，1996年台湾合计批准台商到大陆投资项目490件，总金额10.92亿美元，平均单项规模223万美元，与上年相比，项目数大幅下降48%。进入1997年后，由于受到亚洲金融危机的冲击，两岸经济均受到一定程度冲击，导致两岸经贸继续呈现下行态势。据台湾经济部门"主计处"公布的数据，1998年两岸贸易总额为225.11亿美元，比上年下降7.9%，其中台湾对大陆出口184亿美元、从大陆进口41.11亿美元；在投资方面，台商对大陆投资件数与金额分别为641件和15.19亿美元，较上年下降11.95%和5.9%。据大陆方面统计，自1998年下半年起，台商对大陆投资即表现低迷，赴大陆投资件数较上年同期减少39%，投资金额下降26%。这一状况一直延续到1999年。

进入2000年后，主张"台独"的民进党取得台湾地区的执政权，导致两岸关系进入空前的低谷期，其间甚至还出现一系列尖锐的政治对立和紧张的冲突，从而使两岸经贸关系发展始终笼罩在政治干扰的阴影下。但从另一方面看，随着两岸相继加入WTO，以及岛内政局、经济发展环境的变化，岛内企业不顾台湾当局的限制性政策（从"积极开放、有效管理"到"积极管理、有效开放"），通过多种方式与大陆进一步加强经济往来。总体而言，

[①] 《大陆暨两岸经济情势报告》（1997—1998年），台湾"中华经济研究院"1999年，第213—225页。

两岸经济关系呈现出稳定的发展态势，受政治干扰的程度较李登辉时代明显降低，这既与台商已经形成完善的政策规避方式有关，也与大陆对外开放的持续深化有关。这一时期，台商对大陆的投资规模进一步扩大，不仅单项规模在1 000万美元以上的项目十分普遍，而且单项规模上亿元乃至10亿美元以上的投资项目也明显增多。据统计，1987—2003年，两岸贸易以平均每年36%的速度增长，两岸经贸累计总额已达3 145.59亿美元，台湾获得的顺差为2 578.05亿美元，占整体对外贸易顺差的92.18%。[1]其中，2003年两岸贸易总额达到584亿美元，台湾方面获得404亿美元的顺差；而同期台湾的总体出口总值为1 442亿美元，顺差仅为169亿美元。如扣除对大陆的贸易顺差，当年台湾对外贸易将出现235亿美元的逆差。根据台湾经济部门的统计，2003年台湾向大陆、香港的进出口对台湾GDP的贡献率为3.05%，占台湾全年GDP的96.68%。从整体发展情况分析，在台湾经济增长的构成中，两岸经贸的贡献率已经达到30%—40%，成为影响台湾经济成长的最主要外部因素。到2008年，两岸贸易总额更达到1 292.2亿美元，其中台湾对大陆出口1 033.4亿美元，大陆对台出口258.8亿美元，台湾方面的顺差达到创纪录的774.6亿美元，两岸贸易已超过台湾总体贸易的23%。[2]

从数据上看，这一时期台商对大陆投资仍以制造业为主。2007年，台商对大陆总计17.7亿美元的实际投资中，制造业占67%，服务业（包括房地产、咨询、餐饮、公共事业等）约占33%，而农业不到1%，显示两岸经济合作仍主要基于大陆低廉的成本优势，合作的层次与领域亟待进一步深化与拓展。

这一时期正是经济全球化面临重大调整、区域经济一体化快速推进时期，两岸经贸往来在这一大背景下也进行着相应的调整。从以上分析可以看出，两岸贸易的持续增长与台商在大陆的投资密切相关，其动力在于80年代末期，台商受大陆廉价劳动力及潜在市场[3]的吸引，短期内将投资重心转移到大陆，企业投资规模不断扩大。自90年代中期以后，台湾对大陆的投

---

[1] 王卫星：《对台和平统一政策回顾》，《瞭望新闻周刊》2004年第30期，第17页。
[2] 商务部台港澳司统计，http://tga.mofcom.gov.cn/aarticle/jingmaotomgji/zongzhi/20100506924293.html。
[3] 台湾经济事务主管部门统计处编印：《制造业多角化暨国际化调查报告》，1995年，第380—391页。

资包括越来越多的资本与科技密集的大型企业，其动机不仅在于寻找降低生产成本的加工基地，更希望借助大陆潜在的巨大市场延长产品生命周期并在此基础上实现自创品牌。① 随着两岸经贸交往的日益密切，两岸产业合作也颇具规模，尤其是在电子信息产业领域，珠江三角洲的广深高速沿线（以东莞为代表）、长三角的沪宁与沪杭高速沿线（以昆山为代表）已经成为台湾电子信息产业的延伸，与全球知名的跨国企业形成完整的产业配套。这一态势又进一步促进投资的集聚和两岸经济合作的深化，使两岸经济合作更直接参与到全球经济分工之中。此外，需指出的是，尽管中国大陆—中国台湾地区—美国所构成的三角贸易关系并未出现实质性的变化，但随着东亚经济的进一步崛起，尤其是大陆经济的快速发展，亚太经济在两岸经济合作过程所占的比重进一步提升。据统计，大陆由于始终保持较高的对外贸易增长率，因此在全球贸易中所占比重不断提升，2005年外贸总额达到1.4万亿美元，居世界第三；由于大陆55%以上的出口依靠加工业，出口产品所需要的原材料、半成品和零组件大都依赖进口，② 而其中绝大部分是从东亚各经济体进口（主要来源于中国台湾地区以及日本等），因此，随着大陆对外贸易的扩张，东亚各经济体对大陆出口的依赖程度不断增加，东亚区域内贸易的比重也因此呈现逐渐增加之势，这也在很大程度上推动着东亚区域经济一体化的进程。据统计，在大陆的对外贸易总值中，外商投资企业的贡献比重超过60%，而大陆利用的外商直接投资（FDI）将近八成来自东亚地区，③ 其中台湾在大陆吸引FDI中始终排名在前5位。根据台湾"陆委会"的统计，从1992年起，大陆就已经成为台湾对外投资最集中的地区；到2010年10月，台湾累计对大陆投资项目数为38 476项，总计金额941亿美元。④ 需指出的是，这一数字与大陆的统计存在较大差异，显示两岸的统计口径不同。台湾

---

① 郭文政：《台湾对外投资状况检讨及未来展望》，《经济前瞻》1997年11月，第57—59页。高长：《大陆经改与两岸经贸关系》，五南图书出版有限公司1999年版，第168—171页。
② 据统计，大陆每出口100美元的商品就会有50—70美元的进口原料。参阅张幼文、徐明棋：《经济强国：中国和平崛起的趋势与目标》，人民出版社2004年版，第180页。
③ 《中国对外经济贸易年鉴》，对外经济贸易出版社2004年版。
④ 台湾海峡交流基金会编：《两岸经贸统计表》，《两岸经贸》2011年第2期，第63页。

主要根据台商申报，而大陆主要以投资地区类别作为统计依据。①FDI是带动东亚各经济体与大陆经贸互动的主要因素。值得一提的是，大陆长期以来一直是跨境直接投资流入的主要地区，在跨国公司的战略布局下，大陆与台湾的贸易往来已逐步从垂直分工演变形成包括产业间水平分工与产业内垂直分工并存的多样化的分工格局，大陆对外贸易扩张为台湾的出口提供巨大的市场机会，充分发挥了贸易引擎的角色。同时，大陆与东亚各经济体之间内在的经济联系也不断加强，东亚地区以大陆为主要推动力的区域经济一体化处于持续深化之中。

需指出的是，尽管经过近20年的发展，两岸经济合作取得全面的发展，但囿于政治性的障碍，两岸经贸的交流交往仍局限于"民间、单向、间接"的方式，甚至连"三通"（通航、通商、通邮）还没有完全实现，更遑论两岸经济的制度性一体化合作。在区域经济合作快速发展的新情势下，两岸经济互动的现状成为区域经济一体化进程中的异类，不仅使得台湾经济发展面临"边缘化"的困境，而且也影响到大陆在推动东亚区域经济整合中领导作用的发挥。

第五阶段：突破阶段（2008年至今）

2008年3月，国民党重新赢得台湾地区的执政权，台海局势出现重大转变，两岸关系发展面临重大的机遇期。在这一过程中，大陆方面牢牢把握两岸关系发展的主动权，积极调整战略指导思想，引导两岸关系迈向"和平发展"阶段，最突出的标志就是2008年12月31日"胡六点"的出台。②在两岸的共同努力下，两岸关系得到明显改善，以2008年12月正式实现空中直航、2010年6月签署《海峡两岸经济合作框架协议》（ECFA）为标志，两岸经贸合作实现了历史性的突破。在这一情势下，两岸经贸往来得以迅速

---

① 以维尔京群岛为例，在1995年该地对大陆的投资仅占当年度大陆总体外资的0.8%，但到了2000年却高达9.4%，已经超越日本，成为仅次于中国香港地区与美国的中国大陆外资来源。如果将台湾对英属中美洲的投资算入对大陆的转投资，则台湾累计对大陆投资金额已经占大陆外来资本的15%以上，而非5%。参见《台商投资大陆逾千亿美元》，台湾《工商时报》2001年2月12日。

② 胡锦涛：《在纪念〈告台湾同胞书〉发表30周年座谈会上的讲话》，《人民日报》2009年1月1日。

提升，逐步消除了金融危机所带来的负面影响，推动了两岸经济持续稳定的增长。

就台商对大陆投资的流量与规模观察，据商务部统计，到 2010 年 11 月底，台商对大陆投资项目已经达到 82 788 个，大陆实际利用台资 517.5 亿美元，首次突破 500 亿美元大关；实际利用台商投资金额累计量占大陆吸引境外投资总额的比例为 5%。依台湾方面的统计，截至 2010 年 9 月底，台湾共批准台商对大陆投资金额为 931 亿美元，估计实际投资金额超过 1 000 亿美元，这与大陆统计相差 400 多亿美元；其中 2010 年 1—9 月，共批准台商对大陆投资项目 329 个，较上年同期大幅增长 133.3%；批准投资金额 86.5 亿美元，同比增长 148.2%，创下多年来最大增幅。其中，上市（柜）公司对大陆投资更是创新高。据台湾金融监管部门的统计，同年 1—9 月，台湾上市（柜）公司对大陆投资金额累计达到 1.88 万亿元新台币，较 2009 年底增加了 1 563 亿元新台币；而同期上市（柜）公司在大陆投资收益合计 1 308 亿元新台币，较 2009 年年底增加 940 亿元新台币；同期累计汇回台湾的资金也达到 954 亿元新台币，较 2009 年年底增加 69 亿元新台币。

从台商投资布局的流向看，随着大陆经济发展方式的转变，尤其是"扩内需"政策力度的加强，台商对大陆投资布局向内陆与中西部转移步伐加快，成都与重庆逐步成为继东莞、昆山之后又一个台商高科技产业制造中心。两岸在金融合作领域也实现了大的突破。2010 年 12 月 17 日，中国银监会批准台湾第一银行、土地银行、彰化银行、合作金库银行、国泰世华银行 5 家台湾商业银行在上海、苏州、昆山设立分行，[①] 标志着台湾银行业者可以在大陆正式经营相关人民币金融业务。12 月 15 日，台湾金融监管部门继批准台湾合作金库银行与中国银行签订"全面业务合作协议"后，又审核同意台湾银行与中国银行，兆丰银行与中国银行，台湾第一银行与大陆的交通银行、中国银行分别签署"两岸金融监管合作备忘录"(MOU)，[②] 为两岸银行之间外汇、贸易融资、联合贷款、同业拆借等实质业务合作创造了条件。金融合作领域的进展为两岸经济合作的进一步深化创造了有利的条件。

---

① 《台资银行在大陆成立分行》，《新华每日电讯》2010 年 12 月 18 日。
② 《两岸签署 MOU》，台湾《经济日报》2010 年 12 月 16 日。

2009年6月30日，台湾当局正式宣布开放陆资赴台[①]，大陆企业赴台投资由此起步，截至2010年11月底，台湾共批准大陆企业对台投资101项，投资金额1.35亿美元，[②]投资主要集中在电子信息、技术服务与批发零售等行业。从投资的单项规模与领域看，显然大陆企业对台投资仍处于试验性的小型投资或以个人名义投资为主的阶段。但这一突破显示，随着两岸经贸关系实现正常化，两岸经济合作模式已经逐步从"民间、单向、间接"向"直接、双向、机制化"阶段发展，一体化的合作形态将进一步深化。

在长期经贸交往过程中，两岸逐步形成紧密的经济互动关系，这一关系对于两岸经济发展有着重要的影响。随着经济全球化进程的受挫，[③]区域经济一体化的进程将进一步加快。面对这一新的发展契机，两岸需要在经济全面交流的基础上，通过制度性一体化的建设进一步深化合作的层次与水平，形成区域合作的双层结构，从而在区域经济合作中占据更有利的地位，在《海峡两岸经济合作框架协议》（ECFA）的签署以及"两岸经济合作委员会"正式运作的新形势下，不仅两岸经济合作的制度化建设将进入新的发展阶段，两岸共同合作参与区域经济一体化也将获得有利的契机。

第二节　台商投资大陆的动因分析

一、大陆经济发展为实现两岸经济共同发展提供了广阔的空间

大陆的自然条件（如矿产资源、土地资源）、要素资源（如劳动力资源、广阔的市场）与改革开放后不断改善的总体投资环境为两岸经济发展提供了有利条件；但由于起步晚，整体经济发展水平不高，产业结构不尽合理，各地区之间发展极不均衡，国际竞争力有待进一步提升，亟待通过对外开放

---

① "陆委会"：《开放陆资入台》，台湾《联合报》2010年7月1日。
② 《陆资入台逾亿美元》，台湾《经济日报》2011年1月21日。
③ 《WTO已经过时》，美国《新闻周刊》。该刊社论针对即将在瑞士日内瓦召开的新一轮多哈回合措施持悲观态度，认为在新的国际情势下，区域经济合作将全面取代全球化的进程，在推动世界经济发展方面发挥更重要的作用。新华网：http://www.xinhua.com，2011年2月19日。

促进经济实现跨越式发展。而台湾尽管经济发展水平高于大陆，但存在着市场有限、产业结构不完整、对外依赖性强等不足。两岸经济发展各有优势和不足，存在着多层次、多方面互补与合作的空间。台商将投资的重点转到大陆，使两岸要素结构得以优化，为实现合作双赢的目标提供了有效的平台。一方面，大陆的发展为台湾实现经济持续稳定的增长提供了有利条件；另一方面，在大陆经济高速发展的过程中，台资也发挥了积极的作用。在两岸经济一体化建设不断深化的格局下，台湾以单独关税区的身份参与经济全球化的进程，充分利用两岸同文同源的优势，以两岸合作强化竞争优势，以更好地参与到东亚区域经济合作之中，这是两岸经济交流交往的重要基础与动因。

二、大陆积极推动两岸经贸合作

两岸经贸交流交往的发展与深化，是大陆在充分认识到两岸关系特殊性与复杂性的情势下做出的战略选择，也是在特殊条件下通过政策调整与制度创新开拓新局面的过程，为两岸关系的稳定发展提供的广阔的空间。

1979年1月，叶剑英委员长代表全国人大常委会发表《告台湾同胞书》，提出了实现祖国和平统一的大政方针，指出"完全应当发展贸易，互通有无，进行经济交流"，尽早实现海峡两岸"通商、通邮、通航"。[①] 大陆主动采取这一政策，打破了两岸对峙近30年的僵局，开创了两岸经贸关系的新局面。当年5月，国务院颁布《关于开展对台湾地区贸易的暂行规定》，确定"对台湾贸易是台湾回归祖国过渡期间的一种特殊形式贸易"，首次明确两岸经贸关系的性质与定位，为两岸贸易的顺利开展创造了条件。1980年3月，商业部颁布《购买台湾产品的补充规定》，规定凡持有台湾产地证明的货品，其进口税视同"国内贸易"且免征关税；凡须进口的日用品而台湾有能力制造的，原则上要向台湾购买。[②] 1981年9月，全国人大常委会委员长叶剑英发表谈话，表示"欢迎台湾工商界人士回祖国大陆投资，兴办各种

[①] 叶剑英：《中华人民共和国全国人大常委会〈告台湾同胞书〉》，《人民日报》1979年1月1日。

[②] 《商业部颁布〈购买台湾产品的补充规定〉》，《人民日报》1980年3月2日。

经济事业，保证其合法权益和利润"。①1983年4月，国务院颁布《关于台湾同胞到经济特区投资的特别优惠办法》，措施中包括"税捐减免、30%产品内销、土地使用费的优惠减免"。自此，作为两岸经济合作中最活跃因素的台商投资正式启动。1987年以后，随着大陆对外开放的进程加快，台商投资更趋活跃，大陆对台经贸政策重点亦随之调整到吸引台资上来。1988年7月，国务院发布《关于鼓励台湾同胞投资的规定》，鼓励台湾的公司、企业和个人在大陆投资，同大陆企业一样，享有大陆法人资格，保护其合法权益；台胞可任企业董事长，对台资不实行国有化；台胞投资经营期限不受限制。1990年12月，首次全国对台工作会议召开，强调："对台经贸工作要按经济规律办事，又要为促进和平统一的政治任务服务；注意吸收中小台资，力争吸收重大台资；吸收台资要执行国家产业政策，并引导台资促进大陆经济发展；扩大对台商品输出，并利用台商扩展外销市场。"②1991年7月，对外经贸部提出"对台经贸交流五原则"，即"直接双向、互利互惠、形式多样、长期稳定和重义守约"。1994年3月，全国人大常委会通过《台湾同胞投资保护法》，在总体指导思想上将对外经贸工作从单纯的"保护"调整为"投资与保护并重"的方针。1994年4月，国务院召开第一次全国对台经济工作会议，确定在当时形势下，为进一步做好吸引台资的工作，对台商投资的领域、项目、方式应以"同等优先，适当放宽"为原则，大力改善投资环境，为台商投资创造更有利的条件，并具体提出，要办好现有台资企业和继续吸引中小台商投资，鼓励台湾大企业按照大陆产业政策投资大型项目；加强两岸在农业、科技、基础设施建设以及共同开辟国际市场等领域的合作；鼓励台商到内陆地区投资；继续发展两岸贸易，扩大对台出口，促进两岸直接"三通"。③

1995年1月，江泽民主席提出关于"发展两岸关系、推动实现祖国和平统一的八项主张"④，以此为契机，大陆在推进与发展两岸经贸交流与合作方面进行了更大的努力。当年8月，交通部、外经贸部先后公布了《台湾海

---

① 《叶剑英委员长会见台湾人士》，《人民日报》1981年10月1日。
② 《中央召开对台工作会议》，《人民日报》1990年12月13日。
③ 《中央召开对台经济工作会议》，《人民日报》1994年4月22日。
④ 江泽民：《发展两岸关系、推动实现祖国的和平统一》，《人民日报》1995年1月31日。

峡两岸间航运管理办法》《关于台湾海峡两岸间货物运输代理业管理办法》，11月又相继公布了两个管理办法的实施细则，为推动两岸直接"三通"采取了重要的实际步骤，进一步强化了台商投资大陆的动力。2000年，全国人大常委会正式通过《台胞投资保护法实施细则》，从而使大陆对台商投资的管理更加规范化。在此基础上，全国人大与地方各级人大每年均组织进行"台商投资保护法检查"活动，使得对台商投资权益的保障被提升到更高的高度。这一阶段，改革开放的深化与发展，推动着两岸经贸交流与合作进入更高的发展阶段。

2008年12月，胡锦涛主席在纪念《告台湾同胞书》发表30周年座谈会上的重要讲话中提出"推动两岸关系和平发展的六点意见"，[①] 从而为建构两岸和平发展框架，推动形成两岸经济合作机制，解决台湾经济发展及与东亚区域经济合作相衔接的问题奠定了基础。正是在这一原则指导下，两岸继实现全面"直航"后，又先后签署"两岸金融监管合作备忘录"（MOU）、《海峡两岸经济合作框架协议》（ECFA），从而实现了两岸经贸关系的正常化、制度化、机制化，尤其是ECFA的签署更是开启两岸经济合作新的里程碑，为两岸经济一体化的深化和发展创造了更有利的条件。

台商投资是两岸经贸交往中最积极活跃的因素，因此一直是大陆对台经济工作关注的重点。在吸引台商投资过程中，大陆十分重视完善软硬件投资环境，理顺管理体制，完善政策法规，加强建设和改造通信、能源、交通等基础设施。例如，作为台商投资热点地区的福建省，90年代为改善投资环境投资上百亿元完善硬件设施，并采取"下放权力，简化手续，联合办公，一次到位"等措施，为台商提供方便；1992年以来，大陆沿海各省在进一步对外开放的基础上，采取扩建或新辟开发区、保税区、台商投资园区等方式，拓宽对台资企业的融资渠道，积极变通，推进两岸金融交流，不仅使台商的投资规模持续扩大，也为两岸实现金融合作创造了有利条件；在优惠政策方面，除了中央政府总体政策优惠外，各地为争取台商也纷纷采取更为优惠的措施，如除了一般的"二免三减半"外，一些开发区还采取"五免五减

[①] 胡锦涛：《在纪念〈告台湾同胞书〉发表30周年座谈会上的讲话》，《人民日报》2009年1月1日。

半"甚至"十免十减半"等（减少对台商的地方性各类税费缴纳比重），这使得台商在两岸未进行正式协商的条件下就享有较高的优惠待遇。此外，为加快高科技产业发展，大陆还出台了一系列吸引外资与台资高科技产业投资的优惠政策，如：将IC产业增值税由17%降为3%；先后批准建立15个出口加工区，推动台商相关产业尤其是电子信息产业在长三角、珠三角地区形成集聚，有效推进了两岸产业合作格局的形成与巩固，并使两岸经济合作的范围和领域进一步扩展。

在两岸相继加入WTO后，大陆市场扩大开放所带来的巨大经济利益更成为台商积极争取的目标；而大陆也审时度势，在进一步改进与完善投资环境的基础上，以构建两岸经济合作机制化为目标，进一步推动两岸经济合作的深化与发展，从而为两岸在既有基础上实现经济整合、共同参与东亚区域经济合作奠定了坚实的基础。

三、台商投资有效地推动了大陆经济的发展

（一）台商投资大陆对于促进大陆出口起到了积极的推动作用

1996年以前，在大陆投资的台资企业所生产的产品中，约有85%的产品出口到其他国家和地区，有的甚至高达100%；相较之下，大陆其他外商的出口比例只有27%。[1] 根据台湾经济主管部门估计，在1996年时，70%的大陆台商成品输往美国。另外，"中华经济研究院"所做的针对台商对大陆出口贡献率的研究表明，在1995年时，大陆台商总共出口214亿美元，占了大陆总出口的14.4%；其中对美国出口额在72亿—112亿美元，相当于大陆1996年对美出口512亿美元的14%—22%。[2] 因此，台湾加工出口方式与地区的转移对于台湾产品在美国及日本市场的占有率立即产生冲击。根据美国商务部统计，1987年，台湾产品占美国进口市场的6.1%，大陆只有1.6%；1997年，台湾的市场占有率下滑至3.8%，大陆则为7.2%；2007年，

---

[1] 高长：《大陆经改与两岸经贸关系》，五南图书出版有限公司1994年版，第103页。
[2] 高长：《两岸经贸关系之探讨》，天一图书公司1997年版，第67页。

台湾更跌至2.7%，大陆更上升为14.8%。① 相同的情形发生在日本进口市场。由此可见，在大陆出口迅速扩张的过程中，台资企业发挥了积极作用，主要体现在三方面：一是通过企业投资的转移，将生产基地全部移往大陆（主要是劳动密集型产业），以企业转移的方式实现对美出口的转移；二是通过将加工装配部分的产能转移至大陆的方式（以高科技企业为主）实行价值链转移，将附加价值高的部分留在岛内，将利润率低的部分移向大陆，从而实现成本最小化与利润最大化，同时也将生产出口的主体转移至大陆，这就是典型的"台湾接单、大陆生产"方式；三是通过技术、管理等的移植，将订单转移至大陆，推动了大陆出口型产业的成长，从而进一步扩大对外出口的规模。总体而言，在大陆外向型经济的发展过程中，台资企业发挥了积极作用。两岸在这一合作的基础上，实现优势互补、互利双赢。

（二）台商投资有助于大陆的就业、税收的增长

从20世纪90年代开始，台湾对大陆投资迅速增加，并成为推动两岸经贸关系发展中最积极与活跃的因素。在经济发展过程中，大量实践证明，资本的稀缺性是制约经济发展的重要因素，因此在经济发展历程中需要解决的首要问题就是资本的供给。而双缺口模型与麦克道格尔的福利效应模型均显示，利用外资与经济成长呈正相关效应。从大陆本身的实践看，自改革开放以来，外资对于促进经济发展起到了积极的作用。根据社科院工业经济研究所的测算（2003年），自改革开放以来的25年间，大陆经济增长的1/3、税收的1/4均来自境外投资；对外贸易的持续增长也主要得益于境外投资，目前大陆出口总量的60%来自三资企业，而在高科技产业中这一比重更高。此外，由于外资大规模进入所带动的竞争效应、产业关联效应、技术扩散效应也对大陆经济发展产生积极有效的影响。

台商投资是大陆引进境外投资中的重要组成部分，截至2009年年底，根据商务部的统计，台商在大陆的实际投资金额达到463.56亿美元，约占外商投资比重的5%。实际上，由于台湾当局的限制性政策，台商在大陆的投资呈现主体、渠道与方式的多样化特点，真实投资金额往往被低估。例如，根据台湾学者童振源（2003年）的研究，台湾对开曼群岛、维尔京群

---

① 台湾经济事务主管部门统计处编印：《制造业多角化暨国际化调查报告》（历年）。

岛、新加坡，以及中国香港地区等的投资多转向大陆，因此，台商在大陆的投资金额应在1 200亿—1 300亿美元。如以此为依据进行计算，则台资占大陆吸引外资总量的15%左右，仅次于中国香港地区，位居第二，超过了美资和日资。尽管在技术层次、单项投资规模以及整体竞争力等方面与欧美日等发达经济体之间存在一定差距，但由于互补性强及同文同源的优势，台资企业发挥着不可替代的积极作用，尤其是在投资区域的广泛性、投资领域的多样性、投资方式的灵活性等方面，是一般外资无法企及的（尽管其中也存在着相应的法律规避等问题）。从台商投资的实践看（见表1-2），资本主要集中于制造业领域（这从台商对大陆投资与对其他经济体投资产业比重的差异中，可以得到明显的反映），而且随着大陆经济发展水平的提升，不断进行相应的调整，对于促进大陆外向型经济发展、大陆就业的增加以及产业集聚的形成等方面发挥了重要作用。同时，台资企业的经营管理及营销模式也因相同的文化背景更易为大陆所接受、吸纳。从这一角度分析，台商投资对于促进大陆经济增长发挥着独特的、不可替代的作用。

表1-2 台湾对外投资产业概览（1991—2007年）

行　业	件数 其他	件数 大陆	金额（千美元）其他	金额（千美元）大陆	百分比（%）其他	百分比（%）大陆
农林渔牧业	573	544	302 949	242 341	0.26	0.37
矿业及土石采掘业	169	114	458 446	131 216	0.39	0.20
制造业	35 789	30 555	75 546 917	58 040 972	64.52	89.74
电力及燃气供应业	40	32	285 558	275 732	0.24	0.43
用水供应及污染整治业	75	61	57 176	51 534	0.05	0.08
营造业	289	243	291 602	190 569	0.25	0.29
批发及零售业	3 760	1 977	6 326 785	2 088 112	5.40	3.22
运输及仓储业	305	195	2 087 262	480 675	1.87	0.74
住宿及餐饮业	457	434	365 654	251 550	0.31	0.39
资讯及通信传播业	2 151	733	2 340 804	692 299	2.00	1.07

（续表）

行　业	件　数 其他	件　数 大陆	金额（千美元） 其他	金额（千美元） 大陆	百分比（%） 其他	百分比（%） 大陆
金融及保险业	2 093	188	26 018 352	560 508	22.22	0.86
不动产业	176	100	508 606	271 919	0.43	0.42
专业、科学及技术服务业	696	519	540 125	379 716	0.46	0.59
支援服务业	243	136	492 790	150 920	0.42	0.23
公共行政及国防、强制性社会安全	17	15	31 721	28 429	0.03	0.04
教育服务业	15	14	11 505	10 505	0.01	0.02
医疗保健及社会工作服务业	65	36	163 001	106 784	0.14	0.16
艺术、娱乐及休闲服务业	414	398	501 242	403 816	0.43	0.62
其他服务业	292	244	630 555	387 826	0.54	0.60
未分类	10	0	133 043	123 643	0.11	0.19
合计	47 629	36 538	117 094 094	64 869 066	100.00	100

注：（1）台湾外部投资总数包含台湾对大陆及对其他国家和地区的投资。（2）百分比是指台湾在该项产业对外投资金额占台湾对外投资金额的比重，及在大陆该项产业对外投资金额占大陆对台湾投资金额的比重。

资料来源：台湾经济事务主管部门投审会 2007 年统计年报，http://www.moeaic.gov.tw/system_exteral/ctlr?PRO=DownloadFile&t=4&id=145。

在大陆范围内对台商投资贡献率进行量化分析受制于资料的不完整性与统计的复杂性，目前尚难进行精确的计算，因此只能采取抽样调查的方式，分析台商投资对大陆就业与税收的影响。根据李保明在江苏昆山的调研，在 2000—2003 年，昆山台商每投资 1 美元，则缴纳 0.276 元人民币的各类税费。[1]据此类推，按照 2008 年台商对大陆的实际投资金额在 1 200 亿—1 400 亿美元计算（取 2006—2008 年的平均增加值），台商对大陆的税收总

---

[1] 李保明：《两岸经济关系 20 年——突破与发展历程的实证分析》，人民出版社 2007 年版，第 103 页。

贡献应在 331 亿—386 亿元人民币，占大陆总体税收的 0.6%—0.71%（2008 年大陆税收总额为 54 223.79 亿元人民币①）。此外，根据李保明的研究，在对昆山进行抽样调查的过程中发现，当地每个台资企业平均雇用大陆员工 120 人。②按照商务部的统计，截至 2008 年年底，台商在大陆的投资企业项目数为 77 943 项，按照台资企业实际运行率占投资项目总数的 50% 计算，③则处于实际运行状态的台资企业大约有 38 971 项。以此推算，台资企业在大陆总计雇用员工大约为 468 万人，占当年大陆就业比重的 1.55%（2008 年，大陆城镇就业人数为 30 210 万人④）。⑤由于上述分析均以两岸尚未建构起经济一体化制度性安排为计量基础，因此没有对两岸签署 ECFA 后可能出现的影响及福利效应进行分析。

（三）台商投资推动着两岸社会经济的融合发展

王直等学者利用"可计算一般均衡"（Computable General Equilibrium）世界贸易模型，模拟大陆与台湾加入 WTO 以及台湾、香港与大陆经济共同发展的潜在影响，估计大陆的外贸乘数在 19.4%—28.7%，而台湾经济体的外贸乘数在 22.3%—32%，台商在大陆的总产出的附加价值率约为 26%。⑥唐永红以此为基础计算了台商历年投资对大陆经济发展的贡献度。⑦

---

① 国家统计局编：《中国统计年鉴 2009》，中国统计出版社 2009 年版，第 264 页。
② 李保明：《两岸经济关系 20 年——突破与发展历程的实证分析》，人民出版社 2007 年版，第 104 页。
③ 参照浦东新区政协：《关于进一步优化浦东台商投资环境的调研》，上海台资企业存活率为 53%，http://www.pdzx.gov.cn/pdzx/showinfom.aspx?infoid=9431&siteid=1。全大陆的情况可能稍低，因此，现取值为 50% 作为计算的基础。
④ 国家统计局编：《中国统计年鉴 2009 年》，中国统计出版社 2009 年版，第 111 页。
⑤ 孙升亮认为，台商在大陆雇用员工数超过 1 000 万人，《台商在大陆》，中国侨网：http://www.chinaqw.com/zgqj/qkjc_hnyhw/200804/24/114635.shtml。如以此为基础进行计算，则台商在大陆雇用员工数占大陆城镇就业比重 3.3% 左右，超过台湾的就业人口（2009 年为 970 万人）。
⑥ 王直：《中国台湾在经济一体化中面临的挑战与契机》，《国际经济评论》2004 年第 5 期，第 52—55 页。
⑦ 唐永红：《当前两岸制度性经济一体化的经济可行性考察》，《台湾研究集刊》2007 年第 1 期，第 85—92 页。

表 1-3　两岸经贸往来对两岸经济体的贡献度　　　　（单位：%）

年份	两岸经贸往来对台湾经济的贡献度（外贸乘数：22.3%）	两岸经贸往来对台湾经济的贡献度（外贸乘数：32%）	两岸经贸往来对大陆经济的贡献度（外贸乘数：19.4%）	两岸经贸往来对大陆经济的贡献度（外贸乘数：28.7%）	台商对大陆经济的贡献度（台商在大陆总产出的附加价值率：26%）	两岸贸易对大陆经济的贡献度（外贸乘数：19.4%）	两岸贸易对大陆经济的贡献度（外贸乘数：28.7%）
1995	1.46	2.09	1.68	1.90	1.20	0.48	0.70
1996	1.46	2.10	1.76	1.96	1.33	0.43	0.64
1997	1.47	2.12	1.86	2.05	1.45	0.40	0.60
1998	1.66	2.38	1.96	2.15	1.57	0.39	0.58
1999	1.75	2.51	2.08	2.28	1.66	0.42	0.62
2000	2.12	3.04	2.14	2.38	1.64	0.49	0.73
2001	2.47	3.55	2.13	2.36	1.66	0.47	0.70
2002	3.38	4.84	2.31	2.60	1.72	0.60	0.88
2003	4.34	6.23	2.36	2.70	1.67	0.69	1.02
2004	5.42	7.78	2.33	2.71	1.54	0.79	1.16
2005	5.87	8.43	2.19	2.57	1.40	0.79	1.17
2006	6.76	9.70	2.04	2.42	1.25	0.79	1.17
2007	7.51	10.78	1.81	2.16	1.06	0.74	1.10

注：(1) 各年台商总产出=1995年台商总产出（33 600百万美元）×至该年的台商对大陆累计投资金额/至1995年的台商对大陆累计投资金额（11 606百万美元）。(2) 各年台商对大陆的经济贡献度=100×各年台商总产出×台商在大陆总产出的附加价值率（26%）/该年大陆GDP。(3) 两岸贸易对两岸经济体各自的贡献度=100×两岸贸易总额×两岸经济体各自的外贸乘数/两岸经济体各自的GDP。(4) 两岸经贸往来对两岸经济体的贡献度=两岸投资的贡献度+两岸贸易的贡献度。(5) 所涉计算期中大陆未对台湾投资或投资金额很少，因此估算中忽略大陆对台投资及其对台湾经济的贡献度。

资料来源：根据中国海关总署统计的两岸贸易往来数据、商务部统计的大陆实际利用台资数据、国家统计局编订的《中国统计年鉴2008》提供的历年大陆GDP（人民币）数据、人民币对美元年平均汇价（中间价）数据，台湾当局"主计处"网页（http://:www.stat.gov.tw/lp.asp?CtNode=2130&CtUnit=1049&BaseDSD=34）提供的统计年鉴资料（2008年）中关于历年台湾GDP（美元）数据计算得出。

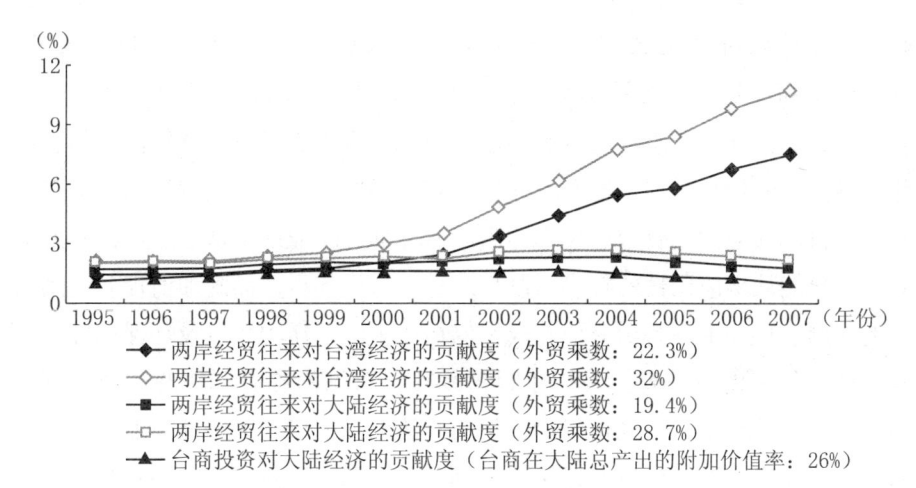

图 1-6 两岸经贸往来贡献度

— ◆ — 两岸经贸往来对台湾经济的贡献度（外贸乘数：22.3%）
— ◇ — 两岸经贸往来对台湾经济的贡献度（外贸乘数：32%）
— ■ — 两岸经贸往来对大陆经济的贡献度（外贸乘数：19.4%）
— □ — 两岸经贸往来对大陆经济的贡献度（外贸乘数：28.7%）
— ▲ — 台商投资对大陆经济的贡献度（台商在大陆总产出的附加价值率：26%）

资料来源：笔者根据表1-3数据绘制。

分析显示，由台商投资所带动的两岸经贸交往已使得两岸经济形成密切的互动关系，由此在很大程度上导致两岸经济发展上明显的相互依赖性。

从台商投资大陆的总体情况看，在大陆吸引外资的过程中，台商一直处于较为独特的位置，发挥着不可替代的作用。台商投资不仅有效补充了大陆在改革开放中的资本缺口，同时由于两岸同文同源的优势使得台资企业的经营管理方式对大陆企业产生积极影响，这对于促进大陆经济的发展和企业效率的提升发挥了巨大作用。

综上，台商投资与台资企业在大陆的发展有助于形成工业产值、出口额与就业的极大化，有力地推动大陆经济尤其是地方经济的发展，并使大陆经济能够更有效地融入全球产业分工体系中，从而也为两岸经济的发展与深化提供了有利条件。因此，进一步深化、发展两岸经贸关系，建构起两岸经济的制度性将决定着今后两岸经贸关系，乃至两岸关系的发展方向。

四、两岸经贸交往有助于台资企业保持稳定增长

台湾属于典型的"岛屿型"经济，生产原料与产品销售主要依赖海外市场，具有典型的"加工型经济"特征，因此，不断加强对外经贸交流是台湾经济赖以生存和发展的命脉。目前，台湾共有企业一百多万家，其中中小企

业占企业总数的98.72%。①大多数企业通常以接受境外订单生产为主，通过进口中间原材料、关键零组件及重要机器设备，加工装配出口的方式参与国际分工。这是台湾经济发展的主要模式。进入20世纪80年代，随着国际市场竞争的日趋激烈，提升产业层次和产品的附加价值成为台湾经济发展主要的目标。但囿于资金、技术等限制，大部分企业缺乏从事原创性研发的能力，只能从事应用性的技术与制程改进，从而使得产品附加值提升受到极大的限制；再加上新台币升值与成本的快速上涨的压力，以及环保标准的提升，产业发展的总体环境发生了显著变化，台湾面临着严峻的产业调整压力。在这一情势下，大陆市场的开放与经济的高速增长为台湾产业结构调整与相关产业生命周期的延续提供了有利条件。两岸经贸交流交往正是在这一大环境下得到持续高速而稳定的发展。

从台湾经济的整体成长构成要素分析，其经济景气循环的主导因素主要包括以下三方面：从台湾经济增长的外部因素看，国际经济景气循环是影响台湾经济的最主要的外部变量；从台湾经济的内生因素看，经济结构性调整的周期成为制约岛内经济增长的关键因素；从两岸经贸关系对台湾经济影响角度分析，大陆因素已成为台湾经济周期性波动的"稳定器"与信心指标。因此，在新形势下，借助两岸经济功能的发展，深化两岸经济关系，也关乎台湾经济发展的未来。整体而言，在预设两岸关系维持稳定发展、两岸经济合作进一步有效深化的前提下，台湾经济将基本处于相对稳定的成长周期之中，经济的结构性调整将初现成效。根据以往经济周期运行规律推测，台湾经济增长潜力将维持在3%—3.5%，但经济增长的质量和贸易条件将得到更有效的改善。从台湾经济发展的进程看，保持两岸关系的稳定，进一步深化两岸经济合作，并在两岸建构制度性经济的基础上，通过参与东亚区域经济合作实现经济发展模式的调整和产业结构升级，已成为台湾经济发展必然选择的路径。

（盛九元　陈丽丽）

---

① 台湾经济事务主管部门中小企业处编印：《中小企业报告（2009年）》，第7—9页。

第二章　新情势下的台商区域布局趋势

在特朗普"美国优先"（America First）的政策理念影响下，世界贸易保护主义迈向新高峰。2018年以来，美国以"国家安全"为由，针对全球钢、铝产品输美实施"232调查"措施，引发欧盟等美国重要经贸伙伴反弹，扬言采取贸易报复手段，并向世界贸易组织（WTO）申诉，更为紧绷的国际经贸情势再添波澜。而长期为美国重要贸易伙伴的中国，则成为特朗普政府锁定推动"公平贸易政策"的首要目标。2017年，美国除对中国提起逾百件"双反"调查，更对中国进行"301调查"，2018年4月调查报告公布后，中美贸易争端急遽增温。即使中美双方已在2018年5月初在北京进行首次协商，但双方对协商条件共识度极低，并未能缓解双边剑拔弩张的情势。全球经济与贸易发展更趋诡谲难测。这也扩大了影响企业区域布局的不确定性因素之干扰。

与此同时，全球产业供应链在贸易协议的洽签、投资环境的变化、区域引资的竞争，以及制造技术的进步、油价下滑等多重因素影响下，已呈现明显的转折，"在地化生产"的趋势更加明显。加以2008年金融海啸以后，全球经济景气循环及市场需求的轮动变化更加快速，因应来自市场和经济情势的需要，与自动化、智能化科技的推动助力，产业供应链已较过往缩短，过去高度细致化分工的产业供应链环节，在制造"总成本"的权衡下，"短链"成为新显学。而台商的区域布局策略也因应国际情势的变化、供应链的新发展趋势开始调整。

基于此，本章将探讨国际经贸情势转变对台商区域布局，以及产业供应链的影响，进而推断新情势下的台商未来区域布局趋势。

第一节　影响台商区域布局之因素

一、台商区域布局的转变

首先，因应全球经贸情势与投资条件之变化，近年（2013—2017年）台商的区域布局已朝多元分散发展，且此期间台商投资案件虽较2008—2012年减少，但平均对外投资规模却进一步提升，隐含台商较以往投入更多的资源，因应布局之风险与竞争。其次，亚洲区域仍是台商海外布局首选，但投资件数与金额之占比已较2008—2012年下降，显示台商已提高对亚洲以外地区的投资布局。再次，亚洲区域内的布局配置也呈现转变，尤其是长期扮演台商制造基地的中国大陆，无论投资件数或投资金额之占比，相较2008—2012年均下降，显示在中国大陆近几年投资成本提高、中美贸易摩擦等因素影响下，台商投资意愿降低，开始调整对中国大陆的投资布局，这反映在台商的境外投资布局数据方面（表2-1）。

相对地，此期间台商对东盟的投资件数与金额占比则较2008—2012年提升，反映东盟近年积极参与区域经济整合，且其市场开放政策、人口红利带动庞大消费商机累积的引资竞争优势，已对台商形成投资诱因；加上台湾早期开放对外投资的主要布局区域即以地缘相对邻近的东盟市场为主，[1] 因此台商对东盟市场并不陌生，并已长年维持一定程度的联结；又逢台湾当局推动"新南向政策"鼓励企业南向多元布局，在此等诸多因素影响下，东盟市场再度成为台商投资焦点。当然，大陆推动"一带一路"倡议形成的市场布局契机也成为吸引台商布局的重要影响因素之一。

至于台商对其他区域的布局，如对欧美等国之投资，主要反映台商基于成熟市场的考虑。不过台商对欧美等地之投资形态系以销售、金融等服务业态为主，因此投资件数虽不少，但投资金额并不高。至于"美国优先"尚属政策推动初期，政策细节正逐渐揭露，因此落实程度并不明确，现阶段台商

---

[1] 台湾开放赴大陆投资政策始于1991年，此前东盟和美国系台商最主要投资布局区域。

表 2-1 台商近年境外投资概况

(单位：家、亿美元)

区域	2013—2017 投资数	件数百分比(%)	投资金额	金额百分比(%)	平均规模	2008—2012 投资数	件数百分比(%)	投资金额	金额百分比(%)	平均规模
总 计	4 880	100	995.22	100	0.20	8 233	100	786.50	100	0.10
亚 洲	3 550	72.75	716.23	71.97	0.20	6 842	83.10	697.82	88.73	0.10
中国大陆	2 381	48.79	493.52	49.59	0.21	5 672	68.89	570.45	72.53	0.10
中国香港地区	326	6.68	20.24	2.03	0.06	352	4.28	13.36	1.70	0.04
日 本	189	3.87	59.59	5.99	0.32	185	2.25	15.30	1.95	0.08
东盟十国	540	11.07	132.19	13.28	0.24	539	6.55	94.48	12.01	0.18
印 度	34	0.70	2.17	0.22	0.06	21	0.26	1.11	0.14	0.05
美 洲	905	18.55	197.94	19.89	0.22	930	11.30	74.80	9.51	0.08
英属维尔京群岛	117	2.40	109.93	11.05	0.94	239	2.90	23.41	2.98	0.10
英属开曼群岛	346	7.09	52.92	5.32	0.15	135	1.64	13.80	1.75	0.10
美 国	378	7.75	25.41	2.55	0.07	463	5.62	28.33	3.60	0.06
大洋洲	187	3.83	28.16	2.83	0.15	192	2.33	8.48	1.08	0.04
萨摩亚	150	3.07	5.68	0.57	0.04	167	2.03	4.60	0.59	0.03
澳大利亚	23	0.47	20.70	2.08	0.90	23	0.28	3.87	0.49	0.17
欧 洲	179	3.67	50.31	5.06	0.28	187	2.27	3.90	0.50	0.02
非 洲	59	1.21	2.58	0.26	0.04	57	0.69	1.26	0.16	0.02

资料来源：笔者根据相关资料整理。

投资多持观望态度，政策效应暂不明显。另值得一提的是，多数台商基于全球运筹、资金调度或财税规划等考虑，将英属维尔京群岛、英属开曼群岛、萨摩亚等"避税天堂"作为境外投资的重点区域之一。不过近年全球"反避税"趋势成形，包含欧美、中国等均参与并制定相关"反避税"规范与信息交换机制，大幅提升此等"避税天堂"透明度，此也势将影响台商的区域投资布局。

二、影响台商区域布局的经营环境因素

观察台商近年境外投资布局变化趋势，除市场商机是最直接吸引企业调整布局的重要因素外，其他如区域整合及贸易协议、政府制定的产业发展、环境、投资政策与法规等外在条件的变动，也因改变了各地经营环境，抑或促使产业供应链移动，而带动台商企业因应此等经营环境局势的变化，进一步调整投资布局。当然，科技的进步（如自动化或智能化制造方面的技术），不但提高生产效能，翻转生产制造的区域选项，亦创造出新的市场商机，扩大企业的投资布局弹性。不过这里讨论的重点将放在经营环境改变的影响上。

（一）市场商机吸引

市场商机是影响企业对外投资布局的重要因素。以大陆内需市场为例，大陆凭借着过往高速经济发展，其经济发展层次与人均所得正快速提升，已不仅是"世界工厂"，更成为"世界市场"。此庞大内需市场为其经济发展提供相当程度的支撑力度。2018年4月，中国国家统计局提出内需挑大梁支撑中国经济发展，即揭示内需市场对中国经济成长的重要性。[1]特别是在2008年全球金融海啸引发外需疲弱的背景下，中国2008—2017年内需对经济成长的年均贡献率达到105.7%，即使贡献率最低的2017年，其内需对经济成长的贡献率也高达九成。同样地，此等内需市场规模也是境外投资（包括台资）企业相当重视的投资吸引力，中国成为世界重要的外资流入国家（Inward FDI，IFDI），如2016年全球外商直接投资（FDI）流入量下降

---

[1] 国家统计局：《内需挑大梁支撑中国经济发展》，http://www.stats.gov.cn/tjsj/sjjd/201804/t20180410_1592995.html，2018年4月。

13%，而中国 IFDI 金额仍有 1 337 亿美元，且较 2015 年增加 2.3%，为世界第三大外资引入国家。另据商务部统计，2017 年中国实际使用外资金额达人民币 8 775.6 亿元，也较 2016 年成长 7.9%，均显露外资对中国的投资增长。而大陆也是台资企业的境外投资布局重点，台商对大陆投资金额占台湾对外直接投资（OFDI）总额的比重逐年增加，至 2010 年该比重达到 81.24%，[①] 虽然在 2016 年台商对大陆投资占台湾对外直接投资（OFDI）总额的比重下滑至 43.10%，但仍有几笔重大投资案，包括鸿海精密工业、台积电、联发科等投资案。2017 年台商对大陆投资 47.3 亿美元，是大陆第三大引资来源。

近年东盟、南亚等新兴市场快速崛起，并且形成相当庞大的市场。例如，在东盟经济体（AEC）成形后，东盟形成一个拥有 6.5 亿人口的庞大单一市场；印度则拥有 12 亿人口，内需规模仅次于中国。此两者的市场消费规模和内需市场，系各国均积极抢进布局的重要市场。2012—2016 年东盟之外商直接投资金额皆达 1 000 亿美元以上，占全球外商直接投资总金额比重也上升到 7%—10%，[②] 显示东盟对全球跨国企业的吸引力愈来愈大。据 IMF 经济展望报告预估，东盟国家 2018 年、2019 年经济成长率皆超过 5%，且多国政府先后推出基础建设、税改等经济刺激政策，发展前景相当被看好，因此东盟也成为近年来台商境外投资布局的选项。[③] 台湾经济主管部门公布的统计数据显示，2017 年台商投资东南亚国家 28.2 亿美元，占当年度台湾对外投资金额比重约 24%。

除前述新兴市场崛起吸引台商投资布局外，欧美等成熟市场的购买力与产品质量要求则对台商具有转型升级意义，因此台商除依托大陆为境外生产基地，并通过三角贸易进行两岸分工，再将产品销往欧美成熟市场外，也持续进行对欧美市场的投资。台湾经济主管部门公布的统计数据显示，2017 年台商对北美和欧洲地区的投资额分别为 8.5 亿美元和 2.32 亿美元，分别占当年台湾对外投资的 7% 和 2%。不过在美国新经贸政策对全球自由贸易筑起贸易障碍的发展态势下，由于美国是台商重要目标市场，台商将因应美国

---

① 引自台湾经济事务主管部门投审会公布数据。
② 引自 UNCTAD 2017 年世界投资报告。
③ 《东盟经济动能未减　逢低可布局》，《中时电子报》2018 年 5 月 10 日，http://www.chinatimes.com/newspapers/20180510001305-260208。

经贸政策等因素适度调整境外布局策略。避开贸易争端、贴近市场布局美国亦成为台商投资考虑的方向之一。

（二）区域协议的洽签

虽然美国当前经贸政策带有浓厚的贸易保护主义思维，但多数国家仍以自由贸易为重要的经贸政策，因此即便WTO多边回合谈判已停滞，双边与区域贸易协议（FTA）仍在如火如荼地进行中。例如，2018年12月12日，欧洲议会批准欧盟与日本的"经济伙伴关系协定"（EPA），2019年2月1日协定正式生效。中日韩FTA在2018年3月于韩国进行协商，三方一致同意应尽速完成中日韩FTA谈判，借由深化区域经济合作来实现东亚地区贸易投资自由化与便利化；中韩FTA也于2018年3月进行第二阶段谈判，就服务与投资领域之市场进入条件交换意见。另外，"全面与进步跨太平洋伙伴关系协定"（Comprehensive and Progressive Agreement for Trans-Pacific Partnership，CPTPP）在日本、加拿大等11国的努力下，终于于2018年3月在智利签署正式文本，2018年12月30日正式生效；《区域全面经济伙伴关系协定》（Regional Comprehensive Economic Partnership，RCEP）于2020年11月15日正式签署，2022年1月1日全面生效。

由于各区域协议、双边FTA形成的贸易圈已然垫高台湾对外经贸成本，加以贸易协议巨型化的发展趋势，贸易圈内涵盖成员多，也涵盖台湾对外经贸拓展的竞争对手及市场商机，对台湾的出口贸易形成的关税障碍威胁也更大。由台北市进出口商业同业公会（IEAT）公布的《2018全球市场贸易环境调查》报告，指出台湾竞争力已连续6年呈现下滑态势，即隐含台湾对外贸易之竞争力正逐步弱化。换言之，面对全球区域整合如火如荼的发展，台湾的重要境外市场陆续成为区域贸易协议的一员，台湾经贸边缘化的压力正日益增大。故在台湾对外贸易竞争条件不足、各国又竞相争取洽签区域贸易协议以建构贸易圈，并垫高台湾对外贸易成本等背景下，台商布局策略已因应调整，例如塑化、纺织业、制鞋等台商启动对外投资，将产线移往东南亚，亦有产业在进行区域产能调配。

（三）投资环境的变化

首先，廉价要素一直是中国大陆"招商引资"的重要优势，然在经济结构转型调整期后，要素成本连年上涨致使企业营运成本逐年增加，此要素优势已然质变。即便大陆延缓最低工资标准调整频率并限缩调整幅度，但大陆劳工逐渐重视福利、地方政府要求负担税费津贴、高流动率衍生的人事成本等，使企业成本负担仍高居不下。其次，大陆优惠政策紧缩也促使台商投资转趋保守，再加上在全球反避税趋势下，大陆也积极推展反避税相关措施，包含严加查核移转订价问题等，致使税务认定纠纷频仍，经商风险大幅提升，形成企业出走潮。例如 Reshoring Initiative 2017 年统计，2010—2016 年美国企业回流投资，中国大陆是最主要的来源。面对投资环境的大幅改变，台商亦难置身事外，在大陆经营成本与压力也已较过往为高的背景下，台商赴大陆投资转趋保守，亦有部分台商撤出大陆，转向其他区域布局。

另一方面，美国过往因为制造成本大幅攀升，促使诸多制造业外移，形成国际供应链群聚亚洲地区（尤其是中国）的现况。不过美国积极推动制造业回流（包含奥巴马时期即推动的相关政策），并且积极推动大规模减税计划，强化企业在美生产的成本与租税诱因，确也带动企业回到美国制造。Reshoring Initiative 透过"总成本"概念比较"在美以外生产"与"美国制造"之差异发现，过往企业外移主要是考虑产品成本、销售成本，但在纳入供应链风险、产品策略等成本考虑下，加以美国推动减税、贸易保护政策措施的实施，"美国制造"产品的总成本可能反而较海外生产（例如中国台湾地区）更具优势，[1]且生产活动更贴近当地市场，将可更快满足当地客户与市场需要。因此，"美国制造"已非不可行，赴美投资贴近市场也成为台商的选项之一。

（四）政策引导

首先，资诚联合会计师事务所（PwC，简称"资诚"）发布的《2018 台湾并购白皮书》指出，"一带一路"倡议及美国"税改"两大政策，将资金引流至东南亚、中亚及美国等市场。例如，位居东南亚的新加坡即受惠于"一带一路"倡议，并购交易件数及金额在 2017 年均双双攀升，[2] 显见政府

---

[1] 贺桂芬、陈灏仁：《制造全球化的逆袭：短链革命》，《天下杂志》2018 年第 643 期，第 56—79 页。

[2] PwC：《2018 台湾并购白皮书》，https://www.pwc.tw/zh/news/events/adv-180523.html，2018 年。

政策对资金的导引有相当的影响力。考虑投资环境变化对其吸引境外投资的不利因素,中国大陆近期也陆续推动许多制度改革,并且凭借其内需市场的庞大潜力,搭配其积极扩大市场的开放政策,形成吸引企业投资之诱因。整体来看,大陆主要透过贸易便捷化、投资便捷化、内外资一致管理等开放措施,强化其引资竞争力与拉力。唯这些对外开放市场措施所涉及的范畴多是大陆最为保护的领域,其实际效益仍需进一步观察相关施行细则与落实状况,才能得知政策对引资或引才之影响。不过在考虑大陆庞大内需市场与过往政策引导的经验下,预估仍将吸引台商抢进布局(例如服务业)。另外,大陆区域平衡政策亦系促使台商转移投资区域不可忽略的因素,例如:"腾笼换鸟"政策即推动东部沿海产业移往中、西部城市发展;另外"西部大开发""中部崛起""振兴东北老工业基地"等规划,均系影响台商布局策略调整的重要政策。

其次,面对各国引资的竞争,考虑经济与产业发展,台湾也积极推动解决"产业五缺"、完善人才政策与招商体系,欲解决台商投资痛点,并吸引台商回台投资;同样的,对外政策的调整与松绑,亦驱使台商启动海外布局规划,例如过去台湾"金管会"鼓励金融业者打"亚洲杯"、松绑寿险业者境外投资,则系台商金融业、保险业对外投资的政策驱动力。因此,台湾当局目前积极推动"新南向政策",亦将驱动台商赴东南亚投资布局。

再次,美国自2009年起推动实施"再工业化"(Manufacturing Renaissance)的相关措施,① 欲透过租税优惠、挹注资金、强化劳工技能、协助建构区域创新体系等政策,重振美国制造业与美国经济,并进一步掌握下一世代先进制造领域的关键技术,且引导一波先进制造业回流美国。根据Reshoring Initiative 2017年统计,2010—2016年,美国回流企业或回美投资最多的来源地为中国大陆地区,其次为德国、日本、墨西哥、加拿大,而中国台湾地区也排在前

---

① 各项计划中,又以提升美国制造业国际竞争力为目标之"先进制造伙伴计划"(AMP),以及衍生的"国家先进制造业战略计划"与"国家制造创新网络"(NNMI)等后续规划最为外界关注。上述计划突显美国推动制造业回流的核心在于发展先进技术,以作为美国制造业竞争力的基础。另外,AMP特别重视整合与企业、学校、非营利组织合作,而与传统以大学或企业为主的研发概念不同,它结合既有的产业地域条件,形成具有开放、整合与永续概念的研发模式,研发核心则由全美各地之"区域制造创新中心"扮演先进技术与新兴产业之驱动者角色。

15名之列（表2-2），显示回到美国投资的企业未必全来自加工制造基地，至于回流的主要产业包括运输设备、电子设备及零件、金属制品、塑料橡胶产品、纺织成衣等领域，明显以美国消费者为主，美国技术工人对企业生产制造具有优势的企业，在美国政策诱因下，较易将生产据点移回美国（表2-3）。

表2-2　2010—2016年间美国制造业回流来源

排　序	回流来源地	工　作	企业数
1	中国大陆地区	79 540	745
2	德　国	54 306	177
3	日　本	35 292	159
4	墨西哥	19 399	115
5	加拿大	15 787	120
6	瑞　士	10 947	45
7	韩　国	10 821	32
8	西班牙	5 708	23
9	英　国	5 127	41
10	丹　麦	4 670	18
11	中国台湾地区	3 949	35

资料来源：Reshoring Initiative 2016 Data Report，2017/5/9，http://reshorenow.org/blog/reshoring-initiative-2016-data-report-the-tide-has-turned/。

表2-3　2010—2016年间美国制造业回流前十大产业

排　序	产　业	工　作	企业数
1	运输设备	133 963	444
2	电子设备及零件	35 340	201
3	塑料橡胶制品	29 220	218
4	金属制品	18 725	245
5	计算机/电子产品	18 393	137
6	纺织成衣	17 166	287

（续表）

排序	产业	工作	企业数
7	化学制品	16 257	136
8	机械装置	15 619	141
9	木制品及纸制品	10 723	64
10	家具及相关产品	7 170	55

资料来源：Reshoring Initiative 2016 Data Report，2017/5/9，http://reshorenow.org/blog/reshoring-initiative-2016-data-report-the-tide-has-turned/。

特朗普上任后，美国经贸政策更明显偏重国内发展（包含投资、工作机会等）。特朗普认为，在美国面临高额贸易赤字、部分国家运用币值低估以强化产品出口竞争力等"不公平贸易"背景下，美国运用贸易保护主义形成商品贸易障碍，再搭配企业减税措施，以及美国内需市场自成一格的特性，可使政策具有引导企业赴美投资的重要吸引力。因此，基于商机与政策引导的考虑，已有不少台商企业宣布赴美投资或规划赴美投资。

（五）产业价值链的重构

在全球供应链移转到中国大陆后，大陆成为台商境外的主要生产基地，然而伴随着经济的成长、产业与环境的制约，大陆正逐步转化其产业优势。在积极创新驱动经济发展、政策扶持产业茁壮成长，以及规划产业自制率等政策导引下，中国大陆的产业供应链发展已趋完备；与此同时，伴随产品制程持续更新、升级，并且透过并购强化技术发展，中国大陆诸多产业已全面涵盖研发、设计、制造、组装的完整产业链，并且推升中国大陆在全球价值链的地位。亚洲开发银行（The Asian Development Bank，ADB）的分析指出，大陆近年积极提升产品制程复杂性，将支持其产业朝向微笑曲线（Smile Curve）的两端提升。[1]

大陆在全球价值链之地位逐步崛起，对于台商在全球价值链地位的威胁或影响越发广泛，尤其在许多中低阶制造环节累积之竞争优势方面，更使两

---

[1] ADB（2014），"Asian Development Outlook 2014"，https://www.adb.org/sites/default/files/publication/31241/ado-2014_0.pdf.

岸产业竞争白热化。再者，大陆成本上升、"反避税"措施的执行、环保政策的趋严等投资环境的改变，亦促使台商调整在大陆布局的策略思维，甚或开启台商将产线移往东南亚或展开调配区域产能的配置策略。另外，在全球价值链分工体系中，台商也面临来自东南亚、中东欧国家等新兴生产力的崛起，并衍生出劳动密集型产业以及高技术行业中低端制造环节的国际竞争，致使台商境外布局除面临大陆竞争压力外，也同样受到来自东盟等新兴市场竞争者的追赶，促使台商境外投资布局策略需要更迅速的反应与布局弹性，以确保其在原有国际供应链地位得到巩固（表2-4）。

表2-4 驱动台商区域布局转变的因素说明

影响因素	说　明
市场商机吸引	·大陆内需市场（市场规模）对台商形成投资吸引力 ·东南亚与南亚市场（人口红利、基础建设需求等）形成投资拉力 ·欧美成熟市场形成投资吸引力
区域协议洽签	·更多区域协议贸易圈垫高台湾贸易关税障碍，形成台商境外布局推力 ·区域协议可能带动全球供应链移转（如原产地规则等），形成台商布局调整的推力
投资环境变化	·大陆投资环境变化（要素价格、政策优惠、环保、反避税、投资监管制度等）与制度改革（贸易便捷化、投资便捷化、内外资一致管理等）对台商布局形成推力与拉力 ·美国减税措施形成台商投资拉力
政府政策引导	·"一带一路"倡议与扩大市场开放政策形成投资拉力 ·台商回台投资政策、"新南向政策"等形成拉力与推力 ·美国制造业回流等经贸政策，引导企业赴美投资
产业价值链重构	·大陆与新兴市场竞争者崛起竞争，取代台商原有价值链环节，推动企业投资布局的调整 ·科技进步促使供应链缩短，调高台商投资布局贴近市场的弹性

资料来源：笔者整理。

第二节　新情势发展对台商区域布局的影响

外在环境变动是驱动台商区域投资布局的重要影响来源，此涵括国际协议、投资经营环境的变迁、政府政策等议题。不过，近年的自动化或智能制造的技术进步，增加了企业投资区域布局的弹性。另外，产品定制化需求推动贴近市场（或需求）的策略发展，区域化、反全球化、贸易保护主义的逐渐高涨，更促使市场区隔化的发展日益明显。面对此种趋势发展，市场商机与外在环境议题的变化对企业投资布局的影响也更甚以往。近年国际经贸环境多变的趋势，究竟对台商区域布局有何影响？以下将就近期一些重要之制度面、政策面的因素进行分析，探讨其对台商区域布局的可能影响。

一、大陆法制改革与市场扩大开放措施

（一）《外国投资法》修法工作可望优化投资环境，但也同时提升企业信息揭露义务与被监管的风险

商务部于2015年公布《中华人民共和国外国投资法（草案征求意见稿）》，着手推动该法修订工作。就修法的精神来看，此草案凸显开放与法制化的制度改革方向，并且加强智财权、投资管制、投资争议协处与仲裁机制，提供更接近国际规范的法制环境。因此，伴随中国完善其法制制度，投资环境将可望进一步改善，促使经商风险降低。不过中国在放宽外资准入的同时，也将进一步完善对外来投资和经营行为之监督检查，包含履行报告义务等；同时，该法引进"实质控制权"概念，反映其考虑企业投资形态多元带来的监管风险。因此，大陆虽然推动《外国投资法》修订，改善投资环境，但境外投资企业也将被要求更高度的信息揭露，因而面临着更多监管风险。

（二）调整《外商投资产业指导目录》有助于扩大市场商机，强化引资竞争力

2015年和2017年大陆两度调整《外商投资产业指导目录》，主要调整方向包含松绑投资限制、放宽外商投资范围、内外资一致原则管理、缩小外商投资企业设立及变更审批的范围、支持外资参与"中国制造2025"战略和创新驱动发展战略等。此等措施变化反映大陆逐步扩大开放境内市场，减少法规面之限制，故境外投资企业面临的限制已逐渐减少，有利于境外企业布局当地市场，享受政策优惠措施带来的效益。

（三）自贸区带动整体体制改革，有助于强化投资环境与降低企业经商成本，扩大企业投资意愿

大陆于2013年至今，已陆续建设上海、广东、福建、天津、四川、辽

宁、浙江、河南、湖北、重庆、陕西11个自由贸易试验区（简称"自贸区"），并且在2018年4月宣布支持海南全岛建设为第12个自由贸易试验区。2018年5月24日，国务院印发《进一步深化中国（天津、广东、福建）自由贸易试验区改革开放方案》，就贸易、金融等面向准入与投资规范提出全面开放之新格局。大陆建设自贸区的目的是运用小区域先行试验，累积经贸制度及境外投资之改革与管理经验，再进一步将政策扩散至其他地区，提供整体产业升级与经济结构调整基础，同时也形塑接轨国际规范之条件，优化投资经商环境。基于此，自贸区政策除强化大陆经贸体制接轨国际，更是投资管理机制、贸易便捷化制度的试验区域，具有带动大陆转型升级的意涵。在自贸区持续推动诸多改革、逐渐优化产业投资条件、商贸流程更趋便捷条件下，意味着企业的经营成本与经商风险可望降低。此等改革措施带动的投资环境变化，将促使台商扩大投资布局意愿。

（四）市场扩大开放将使企业更有机会把握当地市场商机

因应新时代需求的"市场扩大开放"，进一步扩大开放格局。国务院于2017年年初公布《关于扩大对外开放积极利用外资若干措施的通知》（国发〔2017〕5号），明确扩大市场开放、创造公平竞争环境、加强吸引外资为三大重点方向；具体有：扩大制造业、服务业与部分特许产业开放；改善外资投资环境（如成本、融资等）；消除内外资间相关规定之差异；解决智财权的问题；等等。2017年8月，国务院再公布《关于促进外资增长若干措施的通知》（国发〔2017〕39号），强调全面实施"准入前国民待遇加负面清单"管理制度，进一步减少外资准入限制，明确提出12个进一步放宽外资准入的领域，扩大外资流入"量"，并加强吸引外资的"质"；另外，便利人才出入境、优化服务、投资权益保障、鼓励跨国总部设立、鼓励研发、制定财税支持政策、完善国家级开发区综合投资环境等也涵纳在内。此等开放与改革调整方向对外资企业投资具有相当的吸引力。不过此两个文件仍属纲要性质的指导原则，开放力度除须视优化投资环境之整体配套（如负面清单项数的消减、投融资便利性、政府干预的减少等），亦须观察由中央释权地方政府之实施细则等配套而定（如因地制宜给予各区域不同之配套）；另外，政策落实执行的程度亦是"扩大市场开放"政策成效之关键，并直接影响台商的投资布局策略。

2018年2月，国务院台湾事务办公室（简称"国台办"）发布实施《关于促进两岸经济文化交流合作的若干措施》的"31条"，其对象包括法人（企业）与自然人，内容涵盖制造业、研发、金融、就业、教育、医疗、影视等多个领域。综观大陆对台31条措施，基于台商（尤其是制造业）在大陆的投资布局已深，多数市场开放或国民待遇多已执行的背景，31条措施明显是以自然人为主；而就其措施内容来看，亦以资格开放、资金挹注、电影广播图书等文化领域的市场进入（或就业）开放为主。至于企业方面则明确台资企业可参与"中国制造2025"、享受税收优惠政策、参与国家重点研发计划项目，并针对征信和研发两个面向有新的开放或平等措施。此等措施的实施首先将有助于解决台商所面临的经商成本高涨、融资困难、补助潜规则、内需商机掌握于当地企业等痛点。另外，扩大基础建设、影视、金融对台市场开放以及进入门槛的特殊许可等有利台商布局的措施，也将有助于提升台商赴大陆投资之意愿。然此等开放措施多涉及大陆相对保护之产业领域，仍需观察后续相关施行细则与落实状况，才能得知实际之影响。即便如此，对台商而言，此措施的公布对其区域投资布局决策确也具有相当的影响。

二、东盟内需市场与政策诱因

（一）东盟区域贸易协议网络绵密，市场商机持续扩大，提升台商投资布局诱因

近年东盟经济快速反弹、内需市场不断扩大，相对中国大陆的经济成长趋缓、投资成本上升，东南亚再度成为台商投资的重要选项。同时，东盟不仅推动东盟经济一体化，推出优惠或开放政策吸引投资，更积极与各国洽签FTA，目前已完成与中国、韩国、日本、印度及新西兰、澳大利亚的FTA的签署，同时东盟个别国家也积极对外签署双边FTA。东盟国家在积极参与区域经济整合的努力下，已建构出极为绵密的FTA网络，降低区域或双边的贸易及投资障碍，不仅扩大区域市场商机，产生贸易创造或贸易移转效果，亦同时影响厂商的投资布局决策。另外，由于FTA的优惠具排他的特性，对未加入该区域经济整合的国家或地区而言，更形成相对较高的贸易障碍，此亦提高出口导向的台商制造业或寻求新市场商机的服务业前往投资的

诱因。加上 CPTPP 及 RCEP 等区域经济整合的效果也将持续发酵，台商赴东盟投资金额明显增加，而且纺织、自行车、制鞋等产业也已看到供应链由大陆移转到东南亚的现象。

（二）台湾企业欲切入东盟的基础建设商机，需加强与当地的经贸合作或与其他方共同参与开发机会

从中、日、韩等对于东盟各国的布局战略可以发现，投资国政府于自家企业在海外投资过程中均扮演重要角色，尤其是基础建设商机，政府可透过官方开发援助（ODA）在提供东南亚国家经济援助的同时，也带动该国企业争取东盟当地之基础建设商机，如：日本争取泰国高铁及泰国防洪体系、缅甸工业区、越南交通及电力设施的建设；韩国则协助越南交通、医疗等方面的建设，给予缅甸机场基础建设的协助，并争取对泰国输出供水系统技术，协助韩商抢攻东南亚供水及净水系统市场等。另外，大陆也通过"一带一路"倡议争取东南亚、南亚的基础建设商机，如投资缅甸及争取泰国高铁建设。

因此对台商而言，东盟市场的基础建设商机虽然庞大，唯基于台湾企业本身的优势布局，或碍于资金的挹注力，将面临较高的进入门槛，同时也会面对其他经济体政府协助自家厂商的竞争压力，不利于台湾企业获取商机。目前可观察到的案例（如中鼎工程、健和兴、奇鋐、春雨等）显示，与大陆企业合作似乎较具切入契机，而此等合作案多半建构在台商于大陆拥有生产基地或是与大陆企业已有合作关系的基础上。当然，台湾企业拥有的技术能量、产品符合市场需求，亦是能与大陆企业合作的关键。

三、美国新经贸政策与贸易摩擦

（一）新经贸政策趋向保护主义，影响贸易与投资，甚至重构产业链

归纳特朗普政府推动的新经贸政策，主要涵盖"推动公平贸易政策""创造就业之产业政策""扩张性财政政策""减少联邦政府管制措施"等施政主轴。就"公平贸易政策"部分，特朗普认为美国贸易赤字问题的症结是贸易伙伴的汇率操控、美国贸易伙伴重商主义形式的贸易行为，以及不当的贸易咨商结果，使美国无法公平分享贸易利益。

对此，首先特朗普上任即抛出退出 TPP、重启 NAFTA 谈判、重新评估参与WTO之模式、反制贸易对手国之不公平贸易手段、汇率操作认定等贸易保护措施。此等政策除推升全球贸易保护主义外，更挑起美国与众多重要贸易伙伴的贸易摩擦与争端，促使多个贸易伙伴扬言贸易报复，引发贸易战扩大的隐忧。而现行国际既有的供应链主要系依循自由贸易主义进行专业细致化分工的成果，一旦贸易保护主义筑起高墙，物流及关税成本大幅提升，将影响贸易流向，进而促使供应链被迫调整。且贸易保护强度的不断提升，极可能迫使产业链依随市场建立，形成产业价值链重构，形成以供应美国市场为主的生产供应链，致现有位于亚洲的国际生产分工供应链独立出来。

其次，借由制造业回流帮助增加就业，并提升美国薪资状况，创造经济动能。唯创造就业的产业政策仍需搭配减税及减少法规管制等方式来引导制造业回流，且回流之制造业仍以符合美国优势的先进制造业或具备高度自动化的产业为主。例如，汽车产业即相当积极呼应特朗普政策，福特汽车（Ford）于2017年年初宣布放弃在墨西哥圣路易波多西兴建新厂的投资计划，且更进一步表态未来4年将投资7亿美元扩建密州平石（Flat Rock）组装厂，用以生产电动车、油电混合车和自动驾驶车辆；① 此外，汽车集团（FCA）、通用汽车（GM）、韩国现代汽车（HYUNDAI）以及日本丰田（TOYOTA）等国际车厂在2017年年初提出对美投资计划，积极响应特朗普"美国制造"政策。另外，制鞋业者对美投资亦采取自动化、智能化生产模式，如美国品牌大厂耐克（NIKE）宣布将在先进位造技术进行投资，以便把产品生产转移到美国；知名运动品牌阿迪达斯（adidas）亦于2017年在亚特兰大附近开设工厂，用机器人生产跑鞋。

至于台商对美投资布局，除鸿海明显呼应"美国制造"政策赴威斯康星州设立面板厂外，其他欲提高在美国布局的台商（包含神达、金宝、英业达、广达等资通信电子业，石化业台塑集团，钢铁业者烨联与汽车电子供货商贸联等），主要是已在美、墨投资设厂之台资企业。概括来看，驱动赴美投资规划的台商主要仍基于服务在地顾客及利用当地能源等考虑，而响应美国新经贸政策。

值得一提的是，即便美国企业，在市场商机的考虑下也未必留在美国制

---

① 《向川普低头，福特墨国新厂不建了》，《自由时报》2017年1月5日。http://news.ltn.com.tw/news/business/paper/1068421。

造（或回流美国）。以特朗普多次呼吁回流之国际资通信大厂苹果（Apple）为例，苹果执行长库克（Tim Cook）曾在专访中指出，在美国产业供应链仍不完善及技术性劳工相较于中国大陆仍显不足等因素下，短时间内不易将组装厂搬回美国；又如哈雷机车尽管享受联邦企业减税的余荫庇护，但仍因为美国市场商机衰退，市场产能过剩压力大，而宣布关闭美国工厂，并于2018年稍晚启动泰国新建装配工厂的运作。这显示美国目前激励海外回流的条件仍需强化，在配套政策未明朗前，多数厂商仍相对保守。由于特朗普上任后除宣布退出《巴黎协议》外，也积极解除对美国能源的限制，减少行政干预，并宣示重视石油、煤炭等传统能源产业发展，此松绑能源的政策也提高了台商石化业赴美投资的意愿。

最后，就"扩张性财政政策"而言，特朗普认为应采用更具规模的扩张性财政政策，包含推动大规模的减税、基础建设以达成刺激经济与带动就业的施政目标。减税方案已于2017年年底通过立法，并且激励诸多企业规划赴美投资。至于"减少联邦政府管制措施"，目的是降低企业成本，并促进制造业发展。而特朗普欲推动松绑法规的领域涵盖金融法规、能源法规、医药监管、劳工法规及联邦政府行政效率等。倘若持续减少管制措施，亦有助于改善美国投资环境，促使"美国制造"总成本下降，让"美国制造"更为可行。此等发展对于身为中间材供应者的台湾企业而言，在追随市场、配合上下游业者或向上发展技术创新的考虑下，移往美国生产布局的可能性将随之增加。

（二）中美贸易争端将加速美国供应链独立于现行国际供应链，加速台商调整布局策略

由于特朗普政府的贸易政策明显转向贸易保护主义，提高了贸易进入障碍，且自2018年年初启动太阳能和洗衣机的防卫性关税、聚酯棉等反倾销税以来，中国台湾地区的产品出口已然面临冲击；而美国于2018年4月公布对中国大陆"301调查"报告，并欲对中国大陆祭出一系列制裁措施，更引发台商供应链受到贸易争端波及的隐忧。各界对于美国挑起与各贸易伙伴的争端感到担忧，此除对美国经济发展产生不确定性外，更波及长期仰赖海外供应链的美国跨国企业（例如资通信电子等）的产业布局与下单意愿，进而影响台商市场布局与商机获取的机会。更有甚者，美国贸易保护力度的逐渐加强，贸易争执的日益激化，将不利于国际贸易发展，甚至危及已建构的区域协议与经贸合作机制；再加上特朗普积极通过政策引导企业赴美投资，以供应美国市场而聚集的产业供应链将可能成形。换言之，现行群聚亚洲的国际供应链面临供应链重构的可能性大幅提高，在考虑贴近市场以便就近且快速供应市场的需求下，台湾将启动台资企业赴美投资。

四、台商投资布局的可能趋势与面临议题

面对诡谲多变的新情势，台商需要适应新竞争生态与规则，并创新扩大市场竞争力。目前看来，市场商机与提高竞争力为关键考虑点，而观察台商已行的投资策略调整方向或台商考虑的策略布局，可归纳出台商的因应策略，即深耕布局大陆市场、巩固全球价值（产业）链地位、布局美国市场与价值链等。

（一）深耕布局大陆市场

面对大陆制造业企业的快速壮大、产业链渐趋完整（如半导体、电子零组件产业等），在低毛利、以量取胜的中低阶的产品方面，台商竞争力无法与大陆企业比拼；而大型大陆企业又挟其成本、资金优势积极并购，切入汽车、电子等新应用领域发展，更进一步压缩台商生存空间。在面对此等经营挑战的前提下，台商为求巩固长久以来的投资成果、供应链地位，抑或把握当地市场商机，加以大陆运用内需市场、体制改革、市场扩大开放等诱因吸引，持续深耕大陆市场会是台商未来布局的方向。实务上的布局策略包含切入大陆产业价值链，持续扩大大陆市场布局，向产业链下游延伸，建立品牌，扩大产品附加价值，或创新营运模式，因应消费形态与竞争态样的改变，争取市场商机。

首先，在切入大陆产业价值链方面，部分台商通过策略合作、扩大投资、强化与大陆企业供应链合作关系，抑或切入供应链，巩固在产业价值链中的地位，争取市场商机，如联发科、南茂科技、奇铉科技、硅品、巨大机械等。其次，诸多台商也将持续朝车用电子、医疗生技、绿色能源等新兴产业布局，运用长期累积的竞争优势，与竞争对手差异化发展。至于在台商仍具竞争优势的产业，企业则着眼于大陆市场的商机，将采取强化自身的竞争能量，布局大陆市场，抢占市场地位，争取大陆的市场商机的策略，如晶圆制造、硅晶圆材料等；或通过扩大投资布局，在技术、良率、产能等面向，

扩大与竞争对手差距,确保大陆市场竞争优势的维持,如台积电、联电、力晶。另外,百货零售业受到电子商务、新零售等新兴发展趋势与营运模式的挑战,则进一步纳入娱乐元素与当地特色,形成复合式商业模式,以满足当地消费者多元需要。

(二)巩固全球价值(产业)链地位

在陆资企业逐渐崛起并且逐渐形成威胁台商发展的背景下,台商也采取策略结盟、整并、扩大产能等方式,巩固其发展利基,强化其在原有全球供应链环节的议价能力,如IC封测、硅晶圆材料等,即利用并购巩固在全球供应链的领先地位。除通过整并巩固供应链地位外,亦有企业出于内外部环境、企业自身发展利益考虑,驱动采取转进其他国家或地区布局策略,包括回台投资,转向欧美、东南亚新兴市场等区域,运用其他区域的竞争优势,提高并拓展新的竞争力或市场商机,以维持其在全球价值(产业)链的地位。具体来看,纺织业是移动态势明显的产业,如儒鸿、聚阳、新光合纤、力丽集团、如兴、光隆等均已逐步调整布局策略。且台商撤出大陆市场并非单一个案,而系整个国际供应链转移,甚至大陆本土纺织企业以及日本纺织企业皆明显扩大对东南亚国家投资,特别是印度尼西亚、泰国、越南、缅甸、柬埔寨等地均有布局的足迹。另外,扩大东南亚布局的并不只有纺织业,如制鞋业的宝成工业、丰泰企业及钰齐,在因应客户订单需求下,也都扩大了东南亚市场的生产规模;联成化学、长兴材料等企业,过去布局系以大陆为主,考虑东南亚市场快速成长,也转而重视在东南亚的布局。

不过除劳工成本优势外,交货时间、产品开发能力、运输成本等因素,以及当地投资之基础建设、法律透明度等,是布局东南亚区域需考虑的议题。因此也有企业选择回到台湾投资,运用台湾的优势,往高附加价值产品与技术发展,如纺织业、电子零组件产业等的企业,运用台湾的研发优势,倚重台湾的研发人才优势与研发能量发展。不过,有时也面临寻找土地、电力等问题。当然也有台湾企业基于客户服务、美国高端研发人力优势与贴近市场考虑而赴美投资。

(三)布局美国市场与价值链

在特朗普积极运用减税、基础建设、宽松能源政策等方式吸引制造业回流美国的背景下,台商亦着眼美国市场商机、当地招商政策、资源取得等诱因，宣布赴美投资。然而考虑美国生产条件，现阶段并非所有产业均有赴美投资之条件。一般而言，劳动力密集、标准化、大规模生产之产品仍会以大陆及东盟等为主要生产基地；已在亚洲地区布局完整价值链的产业，移动生产地点的概率较低，如LED制造；至于自动化、定制化、高价、小批量生产之产品则较有诱因赴美生产。事实上，目前资通信台商赴美投资的产品集中于产品体积庞大、涉及数据机敏性的服务器，或是定制化程度高且价格不菲的工业计算机，相关企业如神达、广达、鸿海、和硕、研华科技、东元、新巨等。观察此等响应特朗普政策而提高在美国组装比重业者之特性，相当符合前述的推论。当然也有台湾纺织企业为了向上联结，考虑美国高端研发人力优势，也为了贴近市场而赴美投资，如宏远兴业即扩大美国投资。

在美国页岩油开采技术提升背景下，波士顿顾问集团（Boston Consulting Group，BCG）估算美国的天然气成本大幅下滑，连带使得美国的电力成本低于其他制造国家（2004—2014年美国电力成本提高33%，低于全球前25大出口国平均75%）。此对高度仰赖石化及能源之产品形成诱因，促使相关企业赴美国投资，如南亚塑料、东联化学、义联集团。

另外，近期台商赴美国投资新兴产业也是可能的方向。尤其是在信息、自动化、运算、软件、感测、网络技术、材料等跨领域前瞻科技之整合趋势下，智能制造、大数据及物联网、制药医材、新能源汽车等新领域会有较大发展，且将带动新的商业模式及消费形态的发展。如金宝投资美国新创机器人公司Fellow、研华并购美国工业网通公司B+B SmartWorx、万泰科携手美国AJ GREENTECH HOLDING. LTD.跨入车联网系统DMS（Driver Management System）；群联投资美国Liqid建立下一代高速储存网络接口标准，进而布局云端市场；硅力并购Maxim Integrated，以投资智慧电表及能源监控业务。至于投资合作的形态不仅有生产制造，也有设置研究单位或进入创投基金发掘未来潜力产品的。如：台达电设立实验室开发高效率、高电源密度的电力转换产品与网络产品；纬创与美国硅谷的Fenox Venture Capital共同成立了规模2 000万美元的创投基金；宏碁于2016年参与IMAX VR基金的第一轮募资等。

（四）结论与建议

在工业4.0与自动化设备革新等自动化或智能制造的技术进步下，企业受成本的限制减少，供应链的布局长度缩短，贴近市场生产的可行性大幅提升，使企业投资区域布局的弹性提高；而产品定制化的需求推动了贴近市场（或需求）的策略发展；加上区域化、反全球化、贸易保护主义的逐渐高涨，更促使市场区隔化的发展日益明显。面对此种发展趋势，市场商机与外在环境议题的转变对企业投资布局的影响已更甚以往。而在现阶段区域整合快速且益发巨型化、大陆改革与市场开放积极进行、东盟市场的持续成长，以及美国新经贸政策的推动、中美贸易摩擦的争执等外部环境迅速变动之背景下，台资企业的境外投资区域布局已开始因应调整。目前看起来，市场商机与提高竞争力为关键考虑点，台商的因应策略大致可分成深耕布局大陆市场、巩固全球价值链地位、布局美国市场价值链等。

第一，在大陆庞大内需市场支应下，伴随大陆推动《外国投资法》修法工作、自贸区带动整体体制改革，将可望持续优化投资环境，进一步扩大大陆市场商机，因此台商将持续深耕当地市场。主要策略包含与陆资策略结盟，甚至切入陆资供应链；持续扩大投资，强化当地市场竞争优势；通过新兴应用产业布局，强调差异化发展；通过更新营运模式，提供更多元化的服务。纵然大陆庞大的内需市场仍有许多经商风险，但随着大陆持续改革、改善投资环境，未来大陆仍将持续吸引台商企业深耕大陆市场。

第二，基于东盟经济发展前景佳、消费人口众多的背景，庞大的内需潜力对于内需导向的台商也极具吸引力。而台商赴东盟的投资增加，也显示区域经济整合的关税削减对产品的价格竞争确有帮助。不过，东盟各国市场差异性大，无法视为单一经济体，企业在当地布局策略难以一体适用，布局当地市场仍需因地制宜。另外，除从"双赢互利"的角度推动经济合作或产业合作，将有助于开展新的双边或多边合作，促进彼此的投资外，通过与其他经济体合作的机会，避免单打独斗，亦可望提升台商布局东盟市场的机会。

第三，美国新经贸政策除推升全球贸易保护主义外，更挑起美国与众多重要贸易伙伴的贸易摩擦与争端，扩大贸易战的隐忧。一旦贸易保护主义筑起高墙，物流及关税成本大幅提升，将影响贸易流向，此除对美国经济发展产生不确定性外，更波及长期仰赖海外供应链的美国跨国企业（例如资通信电子等）的产业布局与下单意愿，进而影响台商市场布局与商机获取的机会。以美国为终端市场的台商将进一步依循自身条件，在考虑贴近市场以便就近且快速满足市场需求下，调整布局策略，包含选择赴美投资或转向其他非受贸易争端影响的地区布局。

至于两岸企业的合作，目前明显可见两岸在产业布局领域、目标市场仍将面临相当的竞争态势，尤其是大陆产业供应链渐趋完备且"全产业链"的发展模式，挤压了台商的生存空间。然而，因应新局势下台商的布局发展中，可以看到台资企业在差异化发展模式、在优势领域巩固竞争实力等策略下，构建出双方既竞争又互补的微妙空间，显然两岸企业间仍存在合作的机会。如：两岸企业各具优势的跨领域产业合作（软件＋硬件的结合）或者新商机的创造与拓展（如虚实整合、大数据、物联网）的合作。另着眼于东盟与美国市场，两岸企业或可积极合作，组建具有成本优势、前瞻技术又具备一定质量的产业供应链，携手布局。不过两岸企业合作顺利的推动，有关双方互信的提升、台商投资权益与知识产权保护的持续强化、避免恶性挖角、避免恶性削价竞争等问题的解决或安排。其仍系两岸企业合作中最需关注的重点，也系影响双方长期合作的重要基础。

（史惠慈　陈泽嘉）

第三章　大陆台资企业的转型升级与发展

根据 IMF 的统计，2016 年中国大陆拉动全球经济成长 1.2%，对全球机构就成长的贡献率达到 27.8%，相当于包括美国、欧盟、日本在内的发达经济体总和，在贸易、投资等方面成为引领世界经济成长的当之无愧的"领头羊"。就两岸而言，现阶段，两岸贸易总额维持在 1 800 亿—2 000 亿美元，占台湾对外贸易总额比重 39% 的态势短期内不会改变。在这种情况下，台资企业进一步依托大陆以寻求自身发展与转型的总体格局不会改变。

第一节　大陆台资企业转型升级的理论分析

目前在大陆的台资企业已经有 10 万家，直接投资超过 670 亿美元。如果算上间接投资则整个投资规模超过 1 800 亿美元，占大陆吸引境外投资的 15%。随着经济结构与市场变化，主要依靠低成本"优势"的台资企业面临前所未有的发展困境，迫使其寻求转型发展的合理路径。因此，需要对与此相关的台资企业转型升级问题进行深入探讨。

一、企业转型升级理论及主要方式

企业转型升级包括两个方面：一是转型，二是升级。其内涵包括"转"与"升"、"型"与"级"等不同层次的概念。

企业转型主要是企业决策层按照外部环境的变化，对企业的体制机制、运行模式和发展战略大范围地进行动态调整和创新，比如由"三来一补加工"企业转为三资企业、由外销型企业转换为内销型企业或企业由专属制造转为专做服务或研发，都可称为转型。企业往往是由于在自身所处行业的竞争能力降低和竞争优势的衰退，才力图通过组织等的变革，提升企业在产业内的能力；或者由于所处行业的衰退，企业发展前景黯淡，才不得不主动或者被动地采取产业转移的战略，寻求新的经济增长点，使企业获得新的生机。可见，企业的转型主要集中在企业组织转型、企业战略转型、企业业务转型等方面。

升级是事物在原来基础上向更高更有利的台阶发展。企业升级指企业的生产和经营环节由产业链（价值链）的低端向高端发展，具体是向微笑曲线的两端发展，左端是向提升质量、高级零部件生产、研发的方向发展，右端是向销售、售后服务和品牌的方向发展。因此，企业转型升级既包括转型也包括升级。[1] 转型和升级都是指变化，前者是大的变化，后者是相对小的变化。在大陆当今条件下，台资企业的转型升级的内涵有四个方面的内容：企业技术升级、经营模式转变下的企业转型、跨业经营的企业转型、投资转移下的台资企业转型升级。

一般而言，企业由一地向另一地转移，或者企业撤资或向境外转移，例如台企通过转移投资向大陆内地西迁北移或东流回台，甚至往海外转移。在台资企业转型升级的过程中，投资区域转移这种策略并不是最为迫切的，但确实是企业转型升级不可或缺的一种选择。在台资企业产业转移过程中，其动因主要包含三个方面：出于企业经营成本的考虑，寻找新的投资机会，扩张性转移（主要为生产设备陈旧，但受制于大陆沿海产业发展空间，转移到新的地区，采用新的设备或工艺）。从目前来看，因生产成本问题而转移投资的企业占绝大部分。目前台资企业投资转出地主要为大陆沿海地区，而转入地则为大陆西南及中部地区。对台资企业而言，具有低成本和政策优势的中西部地区成为一种方向性选择。此外，随着台湾当局"新南向政策"的提出，台商向东南亚、南亚的转移趋势与进展在一定程度上对当前两岸关系、两岸经济合作产生直接的冲击和影响。为此，需要开展更有针对性的研究。

---

[1] 李保明：《台资企业转型升级的环境、能力与战略分析》，《台湾研究》2013年第1期，第18—23页。

二、大陆台资企业转型升级的现状

目前大陆台资企业，尤其是位于沿海各地的台资企业大多面临转型升级的压力和困难。为有效推进企业转型升级，从国台办到各省市都专门出台了有关台资企业转型升级的配套帮扶与支持政策。在市场"倒逼"和政策引导的双重作用影响下，珠三角经济区有85%以上台资企业面临转型升级压力和需求，另外海西经济区的福建以及长三角经济区亦有超过70%的台资企业需转型升级。而在转型升级的应对方式上，台资企业有转向中西部地区的趋向，"回流"和"东进"（美国、加拿大、墨西哥）的台资企业也开始增多。另台湾学者杨久仁在大陆所做的有关大陆台商转型升级调查报告显示，珠三角经济区有5%的台商将准备撤离，同时还有20%的台商表示，并不会受到大陆经营环境及政策的影响；另有75%的台商表示，在大陆的经营受到影响，但并不会轻易离开。而一份有关大陆东莞台资企业对待转型升级态度的研究结果显示，有58.6%的台资企业将会积极采取措施促进转型升级（其中6.9%的企业将转型，48.3%的企业将就地升级，3.4%的企业将转移），另外有41.4%的台资企业等待转机。大陆台资企业的转型升级工作主要在以下几个方面：从外销向内销的转型，更加重视内销市场；内销市场区位规划布局趋向合理化（东部沿海超过55%，其他约占45%；一线城市大约占60%，中小城市和村镇约占40%）；企业层面重视研发和设计能力，注重产品技术升级；产业层面重视优化产业投资结构，带动大陆台企的产业结构升级。从投资行业来看，2015年台商在大陆投资最多的5个行业依次是：电子零组件制造业、电脑电子产品及光学制品制造业、电力设备、批发及零售业和金融及保险业。虽然电子零件制造业（加工制造业的代表行业）仍旧是投资比重最大的行业，但其占投资总额的比重正逐渐下降，同时金融服务业及批发零售业比例在不断上升。以上数据显示，大陆台资企业的产业结构正在向协调发展方向转变，加工制造业独占优势的时代已经基本结束。

在这种情况下，台资企业选择转型升级的路径和方式也是多样化的，其中向东南亚和南亚区域转移虽然有降低成本的现实需求，但也存在文化差异大、语言交流不便、劳动力素质较低、远离市场等方面的问题。只要开展有针对性的工作，引导台资递次转移，重点向大陆沿海经济带、长江经济带和中西部地区转移，就能使两岸经济合作更加有效，更加符合台资企业长久发展。

第二节 台湾在大陆产业集聚的成因及趋势分析

自第一项台资项目落户福建开始，30多年来台商在福建乃至整个大陆的直接投资发展迅速。与此同时，越来越多的学者开始关注台商对大陆的直接投资。对该问题的相关研究主要集中在台商对大陆投资的特征和动机、台商投资大陆的区位选择、台商投资大陆对两岸经济的影响等方面。目前台商对大陆的直接投资虽然仍呈增长趋势，但其增速小于台湾总的对外投资增速。考虑到大陆经过多年发展，投资环境发生了较大改变，例如近年来劳动力、土地成本上升等，在此通过回顾、梳理各类研究成果，探讨台资赴大陆直接投资集聚状况以及台资企业在大陆投资的绩效，希望以此为基础来分析未来台资转型升级的趋势。

一、台资企业投资与集聚成因分析

从各方面的研究结论分析，台商在大陆的集聚，是台资区位选择的结果。台商投资的阶段性特征与厂商的投资动机相联系，不同的投资动机决定了不同的投资区位。台商投资动因主要是延续产品生命周期，寻找最优生产要素，而其投资区位的选择取决于不同投资动机下对投资环境的偏好。

庄荣良（2009）分析了赴大陆投资的台商的三个显著集聚特征：一是投资地域相对集中，前期主要集中在珠三角和福建沿海地区，随后投资重心开始转到以上海为核心的长三角地区，近年来开始呈现北扩和西进趋势，且这种扩张带有整体群聚式迁移的特征；二是投资产业分布较集中，主要集中在制造业领域，前期以劳动密集型为主，近年来开始向资本密集型和技术密集型转化；三是投资行为群体跟进，台湾赴大陆投资开始由初期单个企业单打独斗转向产业链上、中、下游相关配套厂商的共同行动，许多企业通过产业公会邀请相关会员共同前往大陆某地区投资，特别是大型龙头企业的迁移会带动一批配套厂商跟随，形成"龙头"带"配套"、"配套"引"龙头"的群体跟进势头。具体而言，可以从以下三方面对台资集聚成因进行分析。

（一）台资企业集聚的"群聚"原因和效应

台资企业以"群聚"形成对外投资主要有两方面原因和效应：

1. 集聚这种组织形式带来的收益

张传国（2005）认为台资企业以集聚的方式对外投资，主要是为了降低投资风险以获得更好的投资回报。以集聚的方式对外投资可以共享市场资源、降低信息成本、促进企业创新并获得创新的外部效应，龙头企业的带动是台资企业集聚形成的重要因素。涂汉兵（2006）强调台资企业集聚是多种因素作用的共同结果，首先是基于当地的资源禀赋。早期台资企业主要考虑当地的廉价劳动力和优越的地理位置，而后期更多地考虑人力资源、共享市场资源、降低信息成本，政策因素也一直发挥着重要作用。

2. 台资大、中、小企业特殊的网络生产体系

大陆在改革开放初期工业基础薄弱，而台湾已经历了工业化，整体上大陆的产业层次要低于台湾。虽然20世纪八九十年代转移到大陆的大都属于劳动密集型和传统资本密集型的比较劣势产业，但大陆缺乏相应的配套能力，众多来大陆投资的台资企业在相当长的时间内不能及时找到适合的配套厂商，因而需要台商或者外来厂商的支援。对相关配套产业的考虑成为台商聚集的一个重要原因，不仅相同产业会集聚在一处，配套产业也会集聚在相近地域。过文俊（2007）认为台资对大陆投资大多采取"群聚链"的方式一起转移：一是台资对大陆当地产业体系不熟悉，难以在短时间内找到符合要求的原材料和设备配套供应商；二是台湾独特的中小企业高度专业化分工的产业网络联动体系使得配套厂商愿意随中心企业迁移。张传国（2005）进一步指出这种以大企业为核心，以大量专业化分工的中小企业为配套的网络化的生产格局，使得在技术链或价值链上的企业通过产业网络和人脉网络而紧密联系。台资企业间基于技术链和价值链的网络化联系，使得集聚内的企业基本不依赖当地的供应商网络，与当地相关产业的联系较弱，更多地表现为台湾产业网络在大陆地区的拓展，随着产业集聚走向成熟，其与本土企业经济联系锐减，产业集聚在本土的根植性弱，当本地优势条件发生变化时，这些成熟的集聚产业会整体向外迁移。网络内的企业与台湾岛内企业拥有相同的管理方式和生产方式，与岛内总部和全球市场保持紧密联系，可以看作台湾岛内产业网络在大陆的延伸，其中较典型的是苏州台资高科技企业网络和

东莞台资制造业网络。

（二）台资企业集聚规模调整与变化的成因

除集聚成因的分析外，还有学者就极具规模的变化进行研究。张传国（2005）分析了台资在大陆投资的产业集聚规模变化，认为集聚规模变化与投资的规模增长和层次提升有关，并将台资投资热潮按投资规模和层次分为三个阶段：第一阶段是1992—1998年。该时期台资对大陆投资企业以中小企业为主，产业集聚规模整体较小、数量较少，较典型的集聚地区是东莞和苏州，投资以"三来一补"生产模式与台湾地区形成垂直分工。第二阶段是1999—2000年。这一阶段大型企业显著增多，形成了以拥有先进技术的龙头企业为产业集聚核心的，大中小型企业分工、上下游联动、配套完善的投资产业集聚，比较典型的是东莞形成了配套完善的IT产业集聚。第三阶段是2000年以后，为配合大陆瞬息万变的市场需求，大量企业在大陆设立研发基地，产业集聚进入了研发、制造、销售同步发展，不断升级完善的阶段。为占领大陆市场，岛内众多上市、上柜公司开始加速向大陆转移，如光宝、汉阳等企业将在东南亚、台湾地区的生产线全部搬到东莞。

（三）台资企业集聚的阶段性特征

台商赴大陆投资的产业集群从集聚空间角度看，经历了三波大的迁移：第一波，从80年代初到90年代，中小企业由岛内迁往珠三角（特别是东莞、深圳）和福建地区，形成了对大陆投资的第一波产业集群。第二波，2000年中国加入WTO，加上大陆对长三角地区的宏观调控，大量资本和技术密集型的大中型企业开始向长三角地区集聚，形成了对大陆投资的第二波产业集聚。第三波，产业集聚发生在2005年以后，主要表现为部分在长三角和珠三角地区的产业向内陆省份迁移，最终形成了华南地区以劳动密集型产业为主，华东地区则以资本和技术密集型产业为主，华北、华中、东北地区则是劳动密集型、资本密集型、技术密集型产业大体相当的台商集聚格局。

过文俊（2007）分析认为：第一波集聚是部分中小企业在前期对福建地区进行试探性投资后，获得了较好的收益率回报，引起大量劳动密集型和传统资本密集型中小企业跟进投资；第二波集聚主要是长三角地区在政策优惠、产业配套和人力资本方面的优势，比较符合台资企业投资战略转型的需要，使得大量台商将投资重点从珠三角地区转移到长三角地区；第三波产业集群的扩散是由内陆地区市场扩大和当地政府的政策激励的牵引，加上沿海地区劳动力和土地成本上升，对一般加工制造业政策优惠的取消特别是对高能耗、高污染企业的强制迁出等推力共同促成的。张传国（2005）通过对1990—1995年的数据分析发现，短期投资收益率、劳动力成本、政策优惠等对台商投资具有很大的影响，其强调早期地缘因素对吸引台商直接投资的作用尤为重要，早期台商投资多抱着试探的态度，所以投资地集中在广东与福建两省。谢禾生（2002）特别分析了台湾资讯产业在长三角地区集聚的形成，认为是长三角地区投资环境的强大吸引力所致，具体而言，包括浦东开发、发达的浙江民营经济、苏南模式使得这一地区成为中国经济最活跃的地区，地理位置优越，物流方便，各种高科技人才充沛，各种以建设高科技产业为诉求的经济开发区进入门槛低、行政效率高等。王友丽（2010）认为台商投资重心转移是多方面因素综合作用的结果，而在其中起到关键性作用的是地理区位等硬环境的制约、政府政策等软环境的引导、各地区生产力发展水平的制约、产业链联动转移的群聚效应以及价值链的驱动，其中产业群聚和配套产业的完整性、创新性已成为吸引台资投向的主要因素。台商在大陆的投资经历和产业模式表明，台商投资大陆重视的是产业群聚效应、完整的产业价值链以及快速的供应链。台湾学者曾柏尧[1]、单燕（2009）都认为台商投资动机的变化导致了产业集聚重心的转移。台商投资动机从寻求廉价资源转向寻求生产研发或市场导致了台商投资集聚重心从珠三角向长三角转移，随着内陆和北部地区投资环境的改善，部分追求低成本企业开始向内陆和环渤海地区转移；同时政策因素在各时期对台资的投资行为都产生了重要影响。过文俊（2007）进一步指出，集聚类型一旦形成一定规模，就成为后来投资者进行投资选择时考虑的重要因素。随着台资对大陆投资层次的不断提高，加上台资在华南地区以劳动密集型为主，在华东地区以资本和技术密集型为主，使得台资在长三角地区投资比重不断上升，而在闽粤地区的投资比重则呈下降趋势。尽管闽粤地区不断提出台资企业的转型升级问题，但依然没能扭转比重下降趋势，这也反映出集聚类型对吸引后续投资的惯性作用。

---

[1] 转引自高海云、涂艳梅、洪国基：《台商投资大陆转移及对策建议》，《宏观经济研究》2010年第10期。

二、台资企业集聚的政策及路径选择

（一）投资集聚的政策选择：协调与治理

一个地区形成有吸引力的产业集聚效应并非易事。从政策角度看，最重要的就是需要突破传统政策的阻碍。一般而言，人们囿于传统观念和既得利益的束缚，通常难以接受新的投资区域，尤其是在可能牺牲现有的利益的情况下。原有的经济发展模式、相应的法规和制度乃至税收政策等的调整更是涉及政治稳定的难题。而开放区域内的经济资源，让区域内和区域外其他成员分享本该属于本区域的利益，却是区域分工发展必不可少的条件。因此，在建构区域分工时，所面临的最主要的课题就是清理和调整原有涉及经济、投资、贸易、税收等的相关法规，以利于区域分工的发展。其重要意义主要体现在以下方面：

1. 有助于调整要素结构，释放被束缚的发展动力

相对较小的区域，尤其是注重"小而全"的地区，由于资源分散，往往只能选择低端的、投资额度有限的项目，市场拓展能力有限，因而往往会陷入低水平的增长模式之中，难以全面提升民众与社会的福祉。但如调整既有的发展模式，则有助于经济体重新焕发新的发展动力。

2. 拟定协同性的政策有助于提升发展的效益

一般而言，区域发展政策的特点在于规划的协调，以及由此导致的效率的提升。在这一政策推动下，产业体系能够有相对宽松的发展环境；同时，相对开放与公平的竞争环境又能产生相应的优胜劣汰机制，鼓励效益高的产业发展而抑制效益低的产业，从而提升区域的整体发展效益。

3. 区域分工需要建构其行政磋商机制，以协调相关政策运行、分散区域内的发展风险

完善区域内行政机制的分工体系，对区域分工的持续推进至关重要。各区域行政体系间的分工是区域分工成功的关键因素之一，因为区域分工的首要目的就是克服单一区域的发展局限，而制定区域共同发展战略的动能就在于行政体系的分工。从实践上看，这种行政体系的分工不仅应当包括行政区内的最高行政领导之间的协商，也应包括各个职能部门共同参与的协商。以大陆为例，现行的长三角区域行政协商机制除了 16 城市市长联席会议之外，

还包括发改委主任联席会议及各个职能部门（如规划、交通、旅游、环保、公共安全等）的联席会议，使得分工与磋商可以在任何一个层面上进行。

4. 区域经济分工的基础是经济利益的提升和福祉的增加

区域分工核心是一种以利益与成本交换为基础的分工，在这种情况下，过高的成本支出将会影响到区域内分工的积极性；反之，缺乏增长前景的区域分工则会濒于瓦解。因此，建构公平的分工机制和选择能够尽快形成实际分工效益的领域是巩固和推进区域分工的必须解决的首要问题。在这种情况下，在区域分工的起步阶段，规模大、实力强的参与方往往需要做出更多的利益让渡，以维系区域的整体运行。

5. 完善区域内的法制环境及强化司法协调也是区域分工的重要环节

区域分工的形式和行为规范都需要通过协议的形式予以确定下来，以便形成规范，并在出现纠纷时有法可依。与此同时，强化司法协调，建立公平公正的司法评判机制，是维护市场正常运行的必要条件，有助于吸引资本和建构创新发展的环境。

综上所述，区域吸引投资的过程，既是增加各参与方整体福利、优化要素结构和提升经济效益的过程，也是利益和权利确认保障的过程，两者之间需要进行有效的均衡，这是形成企业集聚与取得持续发展的基础。与此同时，在区域内也需要通过政策协调及法制的规范、衔接以确保各方的利益。实践证明，维持产业集聚的顺利扩张，是复杂、艰巨和长期的系统工程，互信是关键、协调是保障、利益是根本、规范是基础，唯此，才能够确保和发挥区域分工的实际效益。

（二）台资高科技产业在长三角集聚的背景分析

产业分工是建立在比较利益优势互补基础上的，在此，以东亚产业分工作为参照系来分析两岸产业分工更具有典型意义。从目前情况看，东亚地区的产业分工以专业化的分工和产业集聚为主要特征，其中主导产业则以需要大量中间制成品及零组件加工的机电产业为主，这一分工形态与东亚各经济体生产要素禀赋的差异性和经济的互补性特征相符，因此，其产品以半导体、光电、精密机械、电脑及周边产品、电子零件等为主。这种以机电产业为主导的产业内专业化分工模式已经逐步取代了原先的产业间的雁行分工模式，它依据在产业链中紧密衔接的不同环节及附加价值而形成垂直分工体系。换言之，东亚地区的产业内垂直分工体系实际上是在产业技术与比较利益优势基础上形成的，它逐步取代了雁行模式中以要素禀赋为基础的产业间分工，所以在一定程度上仍隐含着雁行分工的痕迹。这种垂直分工体系一方面形成了东亚各经济体对国际贸易的强烈依赖性，另一方面也基本反映东亚各经济体的比较利益优势所在，因而使得东亚区域的全球竞争力得到充分发挥。

在这一分工体系下，东亚区域的产业分工具有以下三方面特点：一是具有明显的要素互补型及出口导向型特征，从而使东亚分工体系呈现日益紧密的互动关系；二是以产业链的阶梯状分工为特征，以机电产品为核心，以中间制成品和零组件出口为主，形成了东亚明显的产业内垂直分工格局；三是随着新兴经济体的赶超，尤其是中国经济的崛起与发展，东亚既有的分工格局面临新的调整，并出现垂直分工与网络状水平分工并存的形态，进而使得东亚经济功能性的一体化分工得以不断强化。

长三角区域良好的经济与科技教育基础、优越的区位环境、经济高速增长的前景以及由浦东开发开放所形成的政策激励（主要针对包括电子资讯产业在内的高科技产业，但仍以推动出口导向为主，如上海市政府 2000 年制定的《关于鼓励软件业和集成电路产业发展有关税收政策问题的通知》《关于外商投资设立研发机构的暂行规定》《上海市促进张江高科技园区发展的若干规定》等均针对电子资讯产业），使这一地区很快成为包括台资在内的境外资本的聚焦点。再加上投资起点较高，因此，在起步阶段它就形成以大企业为核心、以电子资讯产业为重点、以高科技产品出口为特征的产业发展特征。

三、台资企业在长三角地区产业集聚的特征及局限性

（一）以优势互补为核心的产业布局形态

从对台资企业的调研情况分析，长江三角洲地区的台资高科技企业已基本形成"两线两带"（沪宁、沪甬高速以及杭州湾、太湖沿岸带）经济走廊布局，集聚起相对完整的电子信息产业带。其中，一是包括以上海为中心向南京方向延伸的产业带。这一线的特点是呈现线状分布，从上海、昆山、吴江、苏州绵延至南京，形成全球著名的高科技产业集聚带，它在一定程度上

也是硅谷、新竹高科技产业带的延伸，沿线主要集中了笔记本电脑（产能超过1亿台）、半导体、光电（以各类尺寸的液晶显示器为主）、消费电子（以手机、照相与摄影设备为主）、电子元器件等产业类别，其特点是大企业集中、配套完整。二是以上海为中心向杭州、宁波方向延伸。这一线的特点是点状分布，台资高科技企业主要集中在上海、杭州、宁波三大城市，其中：杭州的台资高科技企业以研发见长，集中了30多家台资企业的研发机构；宁波则以制造为主，集中了半导体、光电（面板的后段模组）、笔记本电脑等相关产业；上海作为产业分布的交汇点，产业集聚度最高，尤其是以张江、漕河泾为核心，形成了完整的微电子产业带，是台资高科技产业投资强度最大的区域。由于产业集聚度高、产业链完整、产值大，长三角成为举世瞩目的两岸高科技产业分工带。对此，有台湾媒体担忧地指出，两岸竞争关键在于台湾与长三角之间的竞争。长三角正是在这一基础上，制定针对性的政策，通过一系列的制度创新，在一定程度上有效改变了既有的要素结构，将原有的城市集群分布、工业发展基础、人才与土地优势与外来的资本、技术优势结合起来，抢先构建起吸引、承接台商投资的平台，从而形成台资集聚地区。双方在分工中互蒙其利，实现了优势互补，提升了产业分工的实际效益。

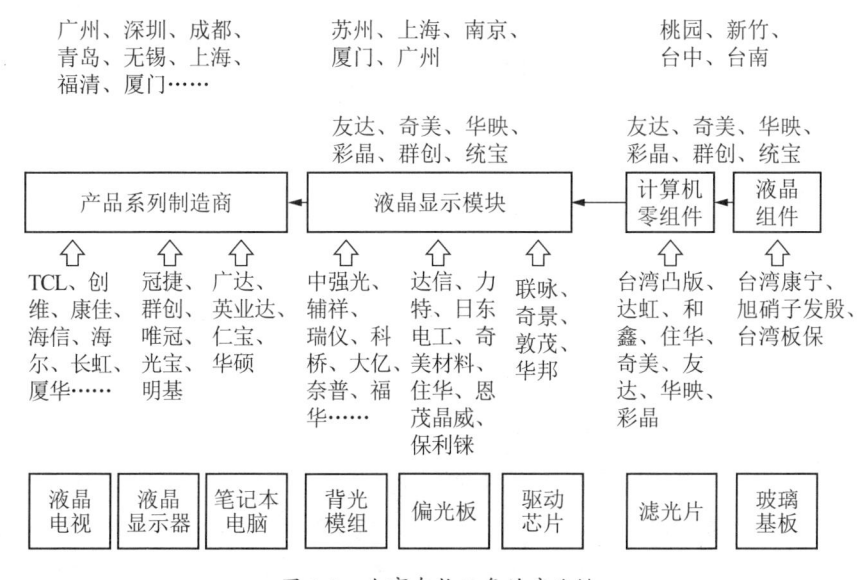

图 3-1　台商在长三角的产业链

资料来源：台湾工业技术研究院，http://www.itri.org.tw/。

（二）以大企业为核心的产业分工形态

从目前长江三角洲地区台资高科技企业关联度分析，产业集聚效应已初步形成，其基本形态包括：多家厂商向同一供应商购买中间产品或多家厂商向同一上游企业供应零组件、劳动力集聚以及技术沟通效应。2002年，广达电脑进驻上海松江，相关的周边设备与零配件厂商即纷纷跟进，在大企业所处的地域周边形成完整的产业供应链；而投资昆山的仁宝集团，其主导产品——笔记本电脑的配件有很多是由在当地投资的富士康企业供应的，同时富士康企业因在接合器、键盘、机箱等配件上的生产配套需求又吸引了其他相关的上下游厂商。

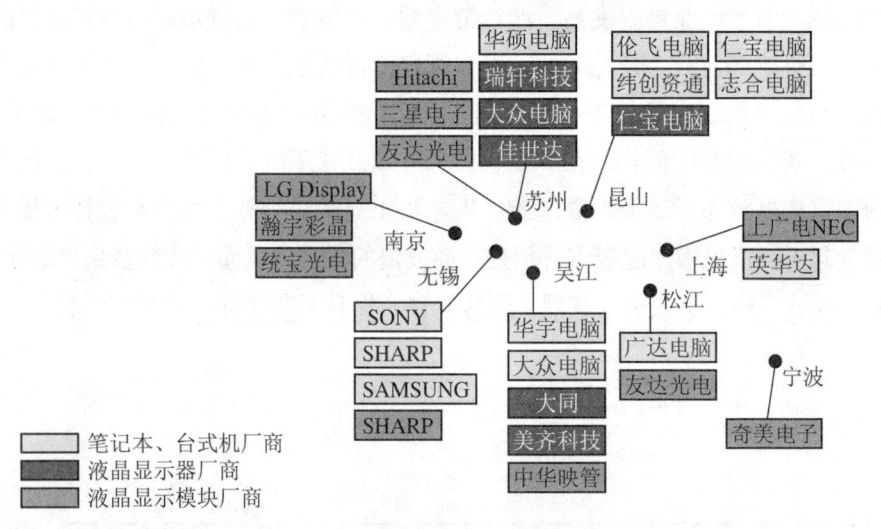

- 全球约九成笔记本电脑面板、七成显示屏面板，在长三角区域交货给系统厂商组装制造后，再交货给全世界市场。

图 3-2　台商在长三角的产业布局

资料来源：台湾工业技术研究院，http://www.itri.org.tw/。

从目前已掌握的情况分析，由于两岸之间还缺乏制度化的协商机制，使得分工的主体始终以地方—企业为主。在缺乏制度保障的前提下，企业间的微观协调往往会因缺乏有约束力的争端解决与协调机制，难以使分工达到形成集聚所需要的临界值，导致与之相关的研发、技术创新、生产性服务体系、大规模产业组织以及完备的金融服务等活动无法形成高效的网络集聚（因为涉及对不同产业的管制），且容易因彼此之间的恶性竞争，出现严重的产业同质化现象，进而使产业内的良性互动机制缺失动力，影响到集聚效应的充分发展。因此，为进一步推动两岸高科技产业有效的分工，必须在制度性协商方面实现突破，以便通过更紧密的分工，为两岸高科技产业提供更有力的机制性保障，提升效率和附加价值，在国际产业分工体系中取得更有利的地位。

（三）以出口导向为核心的产业发展形态

长三角地区交通大网络的日臻完善与统一快速通关机制的形成，进一步强化了台资企业以出口导向为主的运营模式。目前，台商对长江三角洲地区的投资已呈现群落化分布格局，群落划分基本涵盖上海虹桥、浦东机场周边直线距离100公里以内的高科技产业群落（所谓"902""1002"工厂与"一小时产业圈"）和直线距离300公里以内的专业配套产业群落。这一情况的形成是台商投资产业特征导致当地经济管理体制调整的典型案例，在一定程度上也是地方政府结合实际情况、服务企业进行体制创新的结果，极大地改变以往依据行政区域范围，各自规划基础设施与通关系统及各自为政的格局，并在很大程度上改变了区域内的要素禀赋结构。台湾第二大笔记本电脑生产厂商——仁宝集团的一位经理称，经过一定时期的调整与磨合，以及两岸高科技企业发展的实践，长三角地区形成了完整的、以出口导向为主的产业服务系统，上海周边1小时产业配套圈的物流系统效率（包括交通网络、第三方物流系统、快速通关系统、安全检验乃至银行出口信贷与保理业务）在短期内实现快速提升，以前大约要1天或1天半才能完成的物流程序，现在只要6—8个小时就可以，且可以24小时连续运转。高效有序的分工，使得两岸高科技产业的集聚效应与产业能级得到明显的提升，也提高了长三角地区在全球高科技产业分工中的影响力。1999年，台湾"九二一"大地震对台湾高科技产业产生一定的影响，但对世界高科技产品供应网并未形成冲击，其关键因素就在于通过两岸产业分工，台湾的高科技产业已经在长三角构建起完整的生产网络，有效分散了风险，这也使得长三角因此成为全球高科技产业生产的重镇之一。

由于大陆在短期内还难以取代美国，成为全球产品主要的最终产品消费市场，因此，从今后高科技产业尤其是IT产业的发展趋势看，大陆作为"世界工厂"或装配加工中心的态势短期内也不会改变。在这种情势下，两岸高科技产业在长三角的分工中,以出口导向为核心的产业发展模式仍有着一定的发展与深化空间。

(四)以垂直分工为主的产业分工形态

两岸高科技产业在长三角地区的分工,以台商投资为主,以台湾的优势产业为主,包括电子信息(主要是以半导体为核心的相关产业,包括芯片设计、晶圆制造、封装测试、掩模等)、光电(液晶显示器)、通信(手机等)等,主要的生产模式是国际代工,具有典型的"加工装配型"特征。台商在高科技产业的分工中居于主导地位,而当地企业则多以提供配套为主,由此形成明显的垂直分工体系。相对而言台湾居于价值链的高端,当地企业基本位于价值链的低端,这种分工方式与"微笑曲线"理论(施振荣,2010)相契合,形成台湾处于全球高科技产业分工的价值链中端而大陆处于分工低端的状况。不尽快突破这种分工的局限,两岸均难以实现产业发展上的突破。

从目前情况看,通过有效分工,长三角的大陆高科技企业通过引进、消化、吸收,实现了技术上的快速突破,在分工中逐步摆脱既有的垂直分工模式。例如,在芯片设计方面,大陆企业现阶段已经取得有效进展,在中芯国际承接的订单中,来自大陆公司的比重已经逐步提升到10%,显示在高科技产业的两岸分工中,在逐步形成逆垂直分工态势。但从整体上看,垂直分工仍是目前长三角地区两岸高科技产业分工的主要形态。

在此,以笔记本电脑为例展现两岸高科技产业分工模式的形成。2005年9月下旬,岛内最后一条笔记本电脑生产线关闭并转移至长三角。目前,包括年出货量占全球1/3的广达电脑在内的台湾制造商,已在世界笔记本电脑总产量和总销售量中占有80%的份额;而自大陆出口的笔记本电脑中,有94%是台资企业的产品,且产能的60%,尤其是大企业(广达集团、英业达集团、仁宝集团、宏碁电脑等)均集中于长三角地区,尤其是上海—昆山—苏州城一线。其中,广达电脑在上海投产的企业达丰电子单一企业年出货量在2010年就达到5 000万台,产值超过300亿美元,占上海当年出口额的9%。从台资笔记本电脑生产企业的近年出货量看,由大陆台商生产的比重2001年为10%,2002年增至30%,2003年达60%,2004年再到90%,现已经全部移至大陆。总体而言,台资高科技企业积极投资长江三角洲，在很大程度上期望通过与大陆的分工以保持强有力的出口竞争优势，而分工的重点在于取得比较利益优势、实现要素的互补与确立区位发展优势。在投资过程中，台资企业的营销经验、研发技术、管理方式和服务配套模式被一并带入，在一定程度上帮助当地企业提高生产效率，提升国际竞争力。从今后的发展趋势分析，台商投资将随着区域经济发展条件的变化进一步向长江三角洲各地延伸，从而在一定程度上推动两岸产业分工的深化与发展。

台资企业在大陆的产业集聚，核心因素在于全球价值链分工与彼此要素的互补，而从两岸产业合作的实质内涵而言，还只是刚刚起步，即使是长三角这样已经与台湾构成广泛和紧密分工网络的区域，也没有建立起具体可实施的分工机制，更遑论相对应的功能部门协商机制和共同规划等细节方面的分工机制。因此，两岸产业分工合作和台资企业集聚的发展随着大陆整体经济环境的调整与变化，将面临一系列新的竞争与挑战。这也是台资企业未来在转型升级进程中需要克服的主要问题。

第三节　台资企业在经营中遇到的问题及发展趋势

一、当前台资企业转型升级面临的挑战

从大陆的范围分析，台资企业转型升级面临的挑战集中在三方面：

（一）两岸产业合作始终处于"内部低水平竞争、外部被低端锁定"的形态

形成这种状态的原因有两个：一是在两岸之间，贸易主要在同质产品之间、在同等技术条件下形成，相互竞争的结果是利润空间不断被压缩，企业自我发展能力不断受到限制；二是在国际上，发达国家和地区一直占据价值链的高端，特别是以工业互联网、工业4.0和高端智能制造为主的"再工业化"战略，进一步挤压了新兴经济体的发展空间，加剧了竞争程度，使得两岸产业发展和经济发展进一步面临严峻的外部形势。对于两岸而言，基于廉价要素成本加入全球生产网络和参与价值链分工，以及以标准化、规模化见长的生产方式，将受到更加严峻的挑战。

(二)企业运营成本快速增加，利润空间明显萎缩

在当前企业运营过程中，原材料价格对企业生产造成巨大压力。由于台资企业以代工为主，处于全球产业分工的相对低端，成本压力难以转移，只能自行消化；同时，产业销售与原材料采购的时间差增加了成本控制的难度。而企业为避免原材料价格的波动而增加库存又极大地增加了企业运营的风险，这甚至成为企业关停、倒闭的肇因。与原材料增加相应的人工成本的增加，导致企业人力成本年年上升。上海2016年的最低工资标准从2014年的人民币1 680元上升至1 820元（再加上社保、食宿等，新招募工人的平均人力成本超过4 000元人民币，是印度的5倍、越南的3倍，较马来西亚高30%），增幅8.3%；2012—2014年的平均涨幅为22.6%。快速增加的最低工资加上日益完善的社保体系，明显压缩了企业的利润空间。据测算，上海台资企业毛利率超过10%的仅占22%，42%的企业在5%—10%，36%的企业在5%以下，而成本却以年均17%上升。在这种情况下，部分台资企业加速转移（包括向中西部和东南亚）就成为必然。

(三)转型动力不足，制约因素多

针对经营中的困境，转型升级应是首要选择。但在调查中发现，存在着以下情况：一是无心转。一部分台资企业市场敏感度不够，认为以目前的运行模式尚可维持，危机意识不强；另一部分企业担心转型的风险高，求稳心态重，转型的动力不足。二是无力转。部分台资企业认识到转型的重要性，但面临现实困难，在代工模式下，核心技术、销售通路、品牌运营均掌握在上下游客户手中，缺乏转型的能力；也有部分台资企业长期以来依靠欧美日资企业的技术转移，形成路径依赖，难以突破。三是无法转。大部分企业对于转型升级无明确方向，对政府的政策与支持举措不明晰、不了解、不关心。还有一种情况在于企业沉淀成本过大，在运行周期内难以进行大的调整，对此也可以概括为无法转。根据对台资企业抽样的统计（根据2016年大陆台资企业"1000大"统计分析），从获利情况分析，企业的总体资本报酬率为3.189%，净利润率为1.735%，在大陆的各类企业（包括大陆企业、港澳台资企业、外资企业）总体资本报酬率中处于中等水平。从增长情况看，台资企业总体资产增长率为4.79%，净值增长率为13.96%，营收增长率为4.42%，总体表现较好。从行业发展情况看，服务业平均利润率为

4.36%，资本报酬率为 5.14%，平均资本增值率为 14.07%；制造业平均利润率为 1.05%，资本报酬率为 2.29%，平均资产增值率为 0.9%。这显示出服务业的整体获利能力明显高于制造业，它与服务业企业以内需市场为主、以生产性服务业为主、注重品牌发展的经营战略密切相关。与此相较，以出口导向为主的制造业企业则受国际市场波动的影响更大。整体而言，2014—2015 年，获利能力较高的台资企业多集中在投资、房地产、金融、食品、餐饮等行业，反映台资企业在大陆服务业的发展不仅具有较强的市场发展前景，而且本身也具有较强的经营和盈利能力，也显示未来台资企业在服务业领域的投资将呈现更快的增长；相对而言，制造业投资的增长会有所降低。对此，需要加以关注。

此外，对上海及周边地区台商的问卷调查（合计发放 752 份，实际回收 225 份）的结果显示，在转型升级过程中，台商最主要的选择是就地转型（57%），而不是向中西部（22%），或者东南亚、南亚（17%）的转移。当然，对于选择就地转型的台资企业而言，无论在政策上还是在企业发展层面上均面临着一系列的挑战与困境。

二、台资企业发展与转型升级面临的相关问题

台资企业在经营中遇到的主要问题依据不同类型呈现出不同的特征，笔者拟根据其具体情况进行分类：

（一）一般类型企业

以在沪台资企业为例，此类企业主要是指来自台湾的一般性制造类企业，其主要特点是投资浦东的时间比较长、投资金额总体不大（多为 100 万—1 000 万美元）、经营类型比较复杂（包括鼓励类、允许类和限制类）、投资地点主要考虑市场因素等。

目前此类企业投资的数量（项目数）最多（占整体台商投资的 70%），存在的各种问题（经济纠纷、管理问题、发展问题等）最多。因此，推动此类企业的发展与转型升级应当是支持成长型企业发展的重点。

从此次对该类企业的调研情况（以发放调查问卷的方式进行，目前已收回 197 份）分析，目前企业存在的主要问题包括以下几方面：

（1）企业对投资环境中商务成本的快速上升均感压力较大，尤其是生产

成本（生产资料价格）上涨、员工素质无法满足需要等，获利能力不乐观。

（2）在经营过程中遇到问题一般会通过台办、台资企业协会方式解决或自行解决，显示对于政策调整等（包括自贸区政策）存在很大程度的不了解甚至误解的状况。

（3）认为市场目前的竞争状况过于激烈，尤其是来自周边地区的内资企业竞争，使得企业难以应对。

（二）高科技企业

这里所指的台商高科技企业，主要是与 IT 相关的企业，主要集中在上海、苏州、深圳等地。总体而言，此类企业技术起点高、平均单项投资规模大、投资项目比重小但占投资总额比重大、多为经第三地投资、产业关联度强但配套能力不足、对政策环境需求强烈。具体而言，此类企业发展所面临的问题主要包括以下几方面：

1. 政策因素与周边环境变化

众所周知，台湾当局在高科技企业赴大陆投资问题上一直采取管制性政策，当前，限制措施主要在技术和人才两方面。同时，随着东南亚地区经济的持续增长和台湾经济的长期低迷，大陆周边区域亦开始积极进行招商引资工作。以台为例，目前台湾一些区域的招商成本均不同程度出现下降趋势，部分工业区的土地租金已创纪录地跌至每坪年租金 500 元新台币（合每平方米 33 元人民币）。此外，近年来台湾当局对高科技产业不断执行减税政策，同时高科技产业还享有分红、税收减免、证券交易所得税减免等优惠政策，其实质税率与大陆的优惠税率相差不大，甚至更低，且个人所得税还可以享受减免。而在招商引资方面更加积极的东南亚区域更是如此。在这种情况下，大陆台资高科技企业面临着更大的竞争压力。

2. 大陆方面政策环境的缺失

（1）两岸高科技产业合作进展未达到预期目标。对于加强高科技产业的合作，两岸企业界一直有较高的呼声，不仅通过"产业搭桥计划"促进相关企业的合作，而且也通过两岸"经合会"下的产业合作小组，确立 7 项产业合作内容（包括冷链物流、电动汽车、无线城市、LED 照明、平板显示器、纺织和电子商务方面）；但由于在产业的权益保护（专利技术）和利益分配（股权）方面未形成有机合作的规范，因此，整体合作进展多局限在局部区域，难以形成全面性的合作，也无法解决两岸企业合作中所面临的实际问题。

（2）税制问题。两岸税制存在较大差异。台湾已经完成"两税合一"，税制改革相对减慢且总体税负较低。相比之下，大陆的税制调整较为频繁，导致企业成本估算不确定性较大。尽管整体而言，大陆的税制在不断简化和优化，但在调整的过程中保持政策的稳定性、透明度对企业而言，非常重要。

（3）金融机制问题。这方面存在的主要问题包括：国内利率的市场化不足、金融产品少；台商对当地金融依赖度有限，业务多以流动资金融资为主，本地化进程慢；金融服务方式有待提升，金融工具有待优化。

（4）人才需求问题。总体而言，台资企业与大陆相关研究机构、大学等的合作有限。为此，政府有必要采取措施，以加强企业更有效地与有关大学、研究机构进行联系，形成产研学的合理布局，协助台资企业更好地实现转型升级。

（5）证照的公信力问题。在有关证照考试方面，台资企业希望由具备公信力的机构负责，以免出现"有证无能""证人不符"的状况，从而加重培训成本。

此外，大陆各区域内的大交通、大网络建设已经较为完备，但物流成本高，仍是现阶段台商反映较多的问题。

综上所述，在调研过程中，台商反映的问题有"碎片化"和"寻求政策支持"的特征。上述现象显示当前台商在大陆投资的方向与策略尚不够清晰，或者说面临着重大挑战：是进一步在地化，进而获得更大的发展空间（包括政策和市场）；还是维持"逐草而居"的特性，继续追逐成本"洼地"以延续既有的发展模式？这种定位的选择是一个非常艰难的过程，体现在实践中，呈现出三个重要特征：一是大企业以增资为主（除部分具有指标性的企业，如台积电、鸿海外），新增项目不多；二是服务类的"轻型"项目明显增加，呈现知识密集化和流动性强的特征；三是在大陆投资企业向海外拓展的程度有所提升，即海外布局有所加快。上述特征在上海地区尤为突出，且可能出现向整个大陆扩展的趋势。这也表明对台商的工作的目标与方式需要针对上述新情况、新特征进行相应的调整。

第四节　推动大陆台资企业转型升级的方式与路径

现阶段，大陆台资企业在新的经济环境下，呈现一系列新的发展趋势，但总体来看，随着竞争的加剧和市场环境的变化，台资企业均面临着巨大的转型升级压力。但是，对企业而言，转型升级并非易事，涉及运行模式的调整、发展路径的转换、技术研发的创新、人员结构的改变、外部环境的重塑等。基于此，"转型是找死，不转型是等死"，在一定程度上反映了企业的基本看法。

从发展角度看，台资企业的转型升级从 21 世纪初就不断被提及，而到 2012 年之后更是成为主流呼声，显示企业发展面临的调整日益严峻。在这种情况下，转型升级布局成为台资企业亟待解决的发展方向；对大陆而言，也是进一步深化两岸合作、促进两岸社会经济发展的重点领域，需要全方位地予以支持和推进。南通作为大陆地区台资企业成长最快的区域，产业集聚度不断提升、产业链日益延伸，更需要在促进台资企业转型升级方面发挥积极作用，成为大陆台资企业转型升级的集聚区、创新区和示范区。

从目前情况看，大陆在推动台资企业转型升级、深化两岸企业合作方面尚处于起步阶段，而加快推动这一进程需要两岸之间共同合作：确立合作的方向与目标，形成共同愿景，并有序地分步推进。而推动上述合作开展、有效深化台资企业转型升级的关键在于三方面，即平台的建构、金融支撑和产业链的整合。从平台建构的角度看，鉴于两岸机制化协商中止的当前两岸关系现状，直接开展机制化的合作存在巨大障碍。因此，现阶段，需要进一步强化全国台企联以及两岸企业家峰会的功能和作用，依据专业性、公益性、权威性的原则，有效降低企业信息沟通交流以及两岸企业合作的交易成本；通过提供相应的金融支撑等，进一步增强企业尤其是中小企业转型升级的动力；产业链整合的重点是在相关产业整合的基础上，通过企业合作等方式形成促进企业转型升级的有效外部环境，进一步降低企业的转型升级风险。具体而言，可以从以下方面着手进行。

一、推动两岸产业形成合理的分工与整合布局

有效推动台资企业的转型升级，首要任务是解决企业的错位竞争、实现发展空间和两岸价值链的有效整合。对此，台资企业应着眼于全球产业发展趋势，充分利用大陆经济发展方式转变与扩大内需的机遇，逐步向与大陆企业"合作研发、共同创造、全球销售"的新方式转变。而要实现这种转变，首先需要从宏观视角上结合自身优势与需求，进行准确定位，避免同质化竞争；然后借助已有的产业合作的机制、平台与政策支持，推动产业链与价值链的深度整合，并加大在新兴产业领域的投资，以提高国际竞争力和在全球产业链、价值链中的地位。

二、相关合作平台等应进一步发挥促进台资企业转型升级的作用

积极推进企业转型升级，需要建构相应的平台与合作保障机制，而全国台企联与两岸企业家峰会应成为相关平台建构的重要基础。从目前情况看，台资企业转型升级高峰论坛、两岸企业家峰会等合作机制的逐步形成，已经在事实上开启了促进台资企业转型升级以及深化两岸企业合作的机制化进程。在此基础上，两岸未来应进一步加强和完善相关的平台与机制，具体包括：

（一）完善促进台资企业转型升级的信息沟通与协商机制

从长远角度看，促进台资企业转型升级应通过既有民间平台的对话、交流、协商，为台资企业的转型升级提供全面的支持与保障，如两岸企业家峰会、全国台企联等。相关民间平台可逐步加强和完善促进台资企业转型升级的信息沟通与协商机制，建构起企业间的制度化合作，作为推动台资企业转型升级与两岸企业合作的主要平台。同时，还应扩大两岸间行业、协会等的对话领域与范围，通过共同研究，确定合作项目与议题等，有效降低台资企业转型升级过程中的交易成本。

（二）建构推动台资企业转型升级的总体框架及共同发展目标

从目前情况看，台资企业转型升级的发展方向应包括基本目标、企业合作机制与优先产业或领域等，在内容上应包括转型升级的基本目标、相应的合作平台（两岸企业之间）、开展合作的重点领域与产业技术、技术创新的成果分享、合作开发的品牌产品、人力资源领域的合作以及共享信息、联合

拓展市场等内容。

（三）逐步建立两岸企业发展的互动与协调机制

目前，两岸之间的产业发展重点有所差异，但在电子信息、新兴产业、生产性服务业等领域具有较强的互补性；而缺乏具体的项目合作，导致合作的形式及内涵与企业的实际需求有着明显差距。对此，需要通过建立两岸企业之间的互动与合作机制，更加有效地推进台资企业转型升级的进程。首先，对涉及两岸企业合作的、有迫切需要的相关问题，可通过现有的全国台企联和两岸企业家峰会机制与平台进行及时的协商与沟通，进一步扩大两岸企业合作的领域；其次，借助两岸企业的对接与合作试点区域（包括南通、昆山、温州、南京、重庆等），有效推进合作试点（企业之间基于市场机制的合作探索，以解决彼此权益保障和利益分配问题）；最后，在此基础上，企业之间可以开展多种模式的合作，借助内需市场扩展的有利时机，全面提升两岸企业合作的能级，加快转型升级的进程。

（四）逐步强化双向投资与相互参股、持股的进程

在进一步强化两岸企业合作和推动台资企业转型升级过程中，最重要的就是两岸中小企业之间的合作，特别是探索企业之间的相互参股、持股，创新合作模式，降低转型升级的风险，也只有在企业彼此利益相互连接的前提下，台资企业的转型升级才具备更加坚实的基础。

（五）结合"一带一路"建设，推动台资企业在向中西部发展的基础上，实现转型升级

需要指出的是，"一带一路"建设有内外两个面向，现阶段，在"一带一路"建设的过程中，中西部地区扮演着重要的角色。基于此，台资企业在向中西部地区发展延伸的过程中，实现转型升级非常重要。为此，需要从三方面加以考虑：一是深入了解中西部地区的投资环境，尤其是研究在欧亚大通道建设过程中，对中西部投资环境和基础设施、产业配套能力、财税结构的调整与完善，不断加大投资力度；二是借助内陆的自贸区和开放性经济新体制综合试点所形成的辐射和政策外溢，通过点线结合方式，实现沿海与中西部地区投资的联动发展；三是充分分享"一带一路"建设过程中，中西部地区更加优惠的金融和社会政策，获得在投融贷、社会参与、参与国家重大工程领域的先行优势。通过上述方式，促进企业在向中西部转移的过程中转型升级，提升能级。

三、以新兴产业作为促进台资企业转型升级的重点领域

两岸企业在选择发展战略性新产业方面有较多的共同点，而新兴产业正处于起步阶段，两岸企业之间的合作潜力与空间大（从合作的方式看，增量上合作更加易于推动）。基于此，当前两岸企业合作可以新兴产业为重点，创新合作模式，采取共同合作研究、共同制订产业标准、共同推动示范与试点、整合产业体系、强化人才交流与共创品牌等策略，提升合作层次，增强台资企业转型升级的成功概率。台湾"科技论坛"根据近年来的产业发展趋势，提出两岸最具合作潜力的十大新兴产业，包括LED照明设备、电动车关键零组件、离岸风力机、工具机与光学制造设备、智能终端、医疗器材、冷链物流服务、LCD面板、太阳光电和远距医疗健康照护的物联网等，尤其是LED照明设备、电动车关键零组件、离岸风力机、智能终端、冷链物流服务和远距医疗健康照护的物联网六大产业，上述产业可以作为两岸企业开展合作以及开展转型升级试点的重点领域加以考虑。

四、加快向服务业领域转型

随着大陆整体经济发展水平的快速提升以及经济发展方式的转变，产业结构的调整持续深化。在"十三五"期间，大陆已经明确提出要重点发展服务经济，而台湾也将建构创新型经济体作为首要的发展目标，重点是强化生产性服务业的发展。因此，向服务领域的转型应成为台资企业转型升级的重点领域与内容。从提高竞争力角度分析，台资企业不断加大对服务业领域的投资，有助于打破过去形成的以制造业为主的发展模式，推动产业向微笑曲线两端移动，提高附加价值和国际竞争力。从产业升级角度看，只有加强在产品设计、品牌建立、行销通路和金融支持以及相应的现代物流业等方面的投资，才能有效推动现行产业的转型升级。因此，当前台资企业的转型升级可选择以生产性服务领域为重点，全面提升企业发展的层次与水平。

特别需要指出的是，台资企业在向服务业延伸发展的过程中，应更有效地结合当前大陆蓬勃发展的"互联网+"与电子商务，一方面通过"互联网+"与《中国制造2025》规划相结合，推动产业链的延伸与提升，实现产业的

升级;另一方面则借助电子商务的发展,拓展市场空间,提振转型升级的信心与能级,从而更好地结合互联网经济发展,实现自身的转型。

五、完善台资企业合作推进转型升级的方式

(一)寻求优势,扬长避短,完善产业链

企业运行中都会用比较优势增加自身经济效益,在区域企业合作中各企业逐渐形成优势互补。在新产品研发时,企业无需单独投入大量资金设置研发中心,相互可以积极合作,以缩短开发周期,节省开发费用。通过寻求自身优势,企业可以在生产的各环节利用地方优势弥补自身不足,以各部分的高效率运转来提高整体的微观绩效。从目前情况看,台资企业推进转型升级合作的不足之一表现在产业链上。一方面企业间的地域关联效应不强,结构相似,互补性不足。由于合作观念的缺乏、行政边界的阻隔和特殊的财政、金融、投资体制等方面的制度障碍,在维护各自利益的过程中,两岸出现了明显的产业趋同现象。另一方面是产业链的残缺。解决产业链不完整的问题,提高技术研发创新水平是有效的解决方法之一。由于目前两岸产业发展的水平逐步接近,难免出现竞争,因此,建设高新技术产业合作链,要以企业的区域集聚为集聚载体,进一步通过企业集聚,以内部产业结构的完善发挥来推进企业转型升级的效应。

(二)增强企业文化方面的建设

就短期效应而言,企业的转型发展会对企业内部形成短时期的冲击,尤其是对中小企业而言。为了使企业能够保持高效稳定发展,建立一套有效的收益分配调节与风险防范机制是十分必要的。随着知识经济和经济全球化的发展,企业之间的竞争越来越表现为文化的竞争,企业文化对企业的生存和发展的作用越来越大,成为企业竞争力的基石和决定企业兴衰的关键因素,而对转型升级的企业来讲,促进企业文化的完善是其实现转型升级的重要途径和支撑。基于这一认知,在促进企业实现转型升级的过程中,强化企业文化建设非常关键,这可以通过管理层及员工的学习与交流等,不断提升企业素质、凝聚企业共识。在此基础上,可以为企业打造一整套完善有效的运作体系和相互融合的企业文化,进而实现转型升级的平稳推进。

六、台资企业开展转型升级的基本策略

转型升级的基本策略就性质而言，可包括战略转型、技术转型、市场通路调整等，因此，在推进转型升级的过程中可从以下方面着手。

（一）以高科技企业孵化基地为依托，促进技术升级

高科技企业是企业中最具活力、最有发展前景，也是有最大合作空间的企业群体。台资企业可以考虑借助面向高科技企业的孵化基地（如选择上海张江与台北内湖、江苏南通与台中智能产业园区作为试点），依据不同行业特点，整合科技资源，推动建立高水平的技术研发中心，使之成为支撑基地科技创新的主要载体，依托面向行业的共性技术研发、质量检测、信息咨询平台、科学仪器、文献数据等科技资源共享平台，使企业的科研成果、研发人员能够直接与大陆科技资源形成对接，提升源头创新、集成创新合作能力和中小高科技企业科技创新成果的市场转化率，有效推进企业的转型升级。

（二）通过公共服务平台建设，推动企业的转型升级

在企业转型升级的过程中，还可以考虑更有效地利用公共服务平台（如两岸企业家峰会及下属平台），获取更多的服务内涵，包括产业政策咨询、科技文献检索、产品设计、质量检测、人员培训、市场信息等多方面的公共服务，以科技手段促进企业转型升级。

（三）通过制度建设，推进台资企业的转型升级

推进台资企业转型升级在一定程度上有赖于制度性协调。为此，企业应立足产业链（集群），通过优势互补、分工协作，形成企业的协作和策略联盟。为此，还可以借助一系列配套的市场化中介平台，包括技术交易市场、知识产权交易中心、技术评估中心、中小企业股权交易中心等，更好地运用贷款担保机构、律师事务所、会计师事务所、专利和商标事务所等中介机构，推动企业转型升级的制度化。

（四）加强企业人才交流合作

缺乏熟悉市场及产业环境的人才是企业转型升级面临的共同问题，若能发挥人才优势，建立两岸人才在企业间的流动循环体系，将有助于企业增强升级意愿。因此，台资企业应通过人才交流会等，加强人才信息交流沟通，建立人才及成果数据库，加强人才引进，从而有效降低企业转型升级进程中的风险与成本。

（盛九元　吴　艺　陈丽丽）

第四章 "新经济"对台商投资布局的影响

中国改革开放后,经济长时间呈现快速成长。然而自从2008年全球金融海啸后,中国正面临国际经济不振、需求不足、贸易摩擦频发及新兴市场崛起等外部影响,以及劳动工资上涨、缺乏人工、环保意识提升等内部限制下,出口及经济成长皆明显趋缓,过去赖以成长的"要素驱动"或"投资与出口驱动"的经济模式已难以持续。2016年中国经济成长率为6.7%,进入"新常态"阶段。除此之外,中国亦出现产业结构失衡问题,制造业产能过剩、附加价值低落,服务业的发展则有所不足。

为了寻求新的经济成长动能,因应经济新常态时期的到来,中国在"十二五""十三五"规划中,提出以"转变经济发展模式""调整与优化产业结构"为主的核心概念,同时大力支持关键技术自主与创新创业。尤其是2010年后,全球经济及产业发展模式出现巨大变革,欧美等发达国家积极投入人工智能(AI)、物联网(IOT)、智慧机械、虚拟实境(VR)、扩增实境(AR)、机器人、云端计算及3D打印等技术,希望通过新技术发展来促进制造业回流,同时也特别强调创新经济,使得全球经济环境展现出与过往截然不同的样貌。在这样的大环境下,"十三五"以"创新、协调、绿色、开放、共享"五大原则作为中国经济和社会发展之重点,除了首次将创新、绿色理念纳入五年规划政策外,还强调智慧制造,打造世界制造强国。

第一节 中国"新经济"的发展

"新经济"指技术创新所衍生之经济新形态,由传统的以制造流程为基础,转变成以创新科技为核心之经济形态。中国将"新经济"表述为新技术、新产业、新业态及新模式。其中，"新产业"是指由新技术（如云计算、大数据、物联网等）、新产品（如智慧制造、3D打印、智慧交通）及新需求（如电子商务、现代物流、互联网金融等）而形成的产业；"新业态"是指"企业＋互联网"（如网络叫车、共享单车、众包和众创平台等）、"产品＋服务创新"（如创业空间、车库咖啡、网上下单配送等）或"服务＋延伸"（如定制化时尚消费品、化妆品、服装等）；"新模式"则包括"互联网＋产业创新融合"（如互联网支付、网络理财、社交网络、新媒体平台等）、生产经营要素重新组合（如网络游戏、网络视频、网络阅读、网络音乐等）、新的经营组织方式（如提供消费、娱乐、休闲等一站式服务的大型购物中心、城市商业综合体等）。具体而言，中国"新经济"涵盖了高技术产业、专利密集型产业、战略性新兴产业、科技企业孵化器、四众平台企业（众创、众包、众扶、众筹）、电子商务（企业电子商务、电子商务交易平台、网上零售）、互联网金融业务、城市商业综合体、开发园区等。

一、中国"新经济"发展的理念与趋势

对中国经济成长而言，"新经济"扮演驱动经济成长与实现永续发展目标的关键角色。根据中国社会科学院张车伟主编的《中国人口与劳动问题报告》（2017年版），2007—2016年，中国"新经济"年均成长率达16.1%，是同期整体经济成长率的1.9倍，创造的新就业机会年均成长7.2%。"新经济"亦已写入中国政府重要文件中，根据《"十三五"国家战略性新兴产业发展规划》提出的目标，预计到2020年，"新经济"将成为中国经济社会发展的新动力，并在更广的领域形成大规模跨界融合的新成长点，平均每年带动新增就业100万人以上。综合而言，中国"新经济"主要涵盖以下核心概念与趋势。

（一）从要素驱动转向创新驱动

自2008年全球金融风暴以来，中国推动经济成长从过去以投资、出口为支柱，转型为由消费、投资、出口"三驾马车"驱动。如观察2018年中国预估之国内生产总值（GDP）结构，三者比重分别为60%、30%和10%，显示其结构调整已有成效。在结构调整的基础上，中国进一步寻求经济"质"与"量"的全面提升，从要素驱动转型为创新驱动，重点则包括技术自主创新、创新创业与绿色发展。

技术创新方面,"中国制造2025"政策已明确聚焦发展关键技术,包括新一代信息技术产业(包括集成电路及专用装备、信息通信设备、操作系统及工业软件)、高阶数控机床和机器人、航空航天装备、海洋工程装备及高技术船舶、先进轨道交通装备、节能与新能源汽车、电力装备、农机装备、新材料、生物医药及高性能医疗器械等,以实现自主创新目标;创新创业则结合分享经济、平台经济等趋势,驱动传统产业结构及消费形态的转变;绿色发展则是调整过去以开发主导之思维,寻求经济发展与环境生态的平衡,建立绿色低碳之经济体系。

(二)平台经济改变产业价值链生态

全球化时代下,借助通信科技,高度模块化(modularity)的企业价值链得以分散于不同地点完成,而后再加以整合,但此传统线性概念下的价值链运作模式并未有本质上的改变。平台经济模式的出现,则改变了传统价值链结构,通过去中间化、去中心化、去边界化等特性,整合原本零散、闲置、未充分使用的资源,创造以平台为基础的新产业生态。值得一提的是,网络效应将使得使用者黏性(stickiness)获得强化,塑造赢者全拿、大者恒大的领先地位。

虽然平台经济与分享经济的概念不完全相同,但多数分享经济的呈现仍以平台为媒介。根据《中国分享经济发展报告2018》,2017年中国大陆分享经济市场交易额约为4.92万亿人民币,相较2016年成长47.2%,其中,非金融领域交易额为2.09万亿人民币,比重为42.6%,较2016年提高5个百分点。2017年中国参与分享经济活动的人数超过7亿人,较2016年增加1亿人左右,其中,参与提供服务者人数约为7 000万人,较2016年增加1 000万人,显示此新的经济模式已高度渗透一般大众的消费与日常活动。

(三)线上/线下整合与重视实体经济

以网络和数据分析为基础的"新经济",推动中国以"互联网+"为基础的虚拟经济的蓬勃发展,具体呈现为各式平台经济的出现。但此"新经济"的出现,亦带来对传统形态经营者的冲击,例如传统渠道、食品业受到电商、外送等新兴渠道与餐饮服务的影响,并且其过度发展导致了竞争与产业重组的现象。此外,最具代表性的案例为中国多家共享单车结束营业并衍生出诸多废弃单车问题,以及滴滴出行并购优步中国。因应"新经济"发展过程中面临的挑战，中国一方面强调实体经济为经济发展的着力点；另一方面推动分享经济与实体企业的融合，使分享经济的弹性可以在实体企业研发、设计、营销、服务、招募员工等环节提供更多帮助，而非相互竞争或取代。

二、中国"新经济"发展概况及对产业发展的影响

（一）中国"新经济"发展概况

根据《中国人口与劳动问题报告》（2017年版），近10年来，中国"新经济"的规模已明显扩大，"新经济"总规模由2007年的人民币（下同）2.12万亿元，占整体GDP的8%（直接贡献），上升至2016年的10.86万亿元，为2007年的5.12倍，占整体GDP的比重也提高6.6个百分点，达14.6%（直接贡献）。若加计"新经济"带动其他产业的贡献（间接贡献），则2016年"新经济"的规模可达16.87万亿元，占整体GDP的22.7%（见图4-1）。若以"新经济"所创造的就业规模来看，直接贡献由2007年的4 191万人，占总就业人数的5.4%，上升至2016年的7 819万人（占10.1%）。若加计"新经济"带动其他产业的就业贡献（间接贡献），则2016年"新经济"所创造的就业规模可达1.28亿人，占总就业人数的16.5%。这些皆显示"新经济"已发挥明显的产业带动效应。

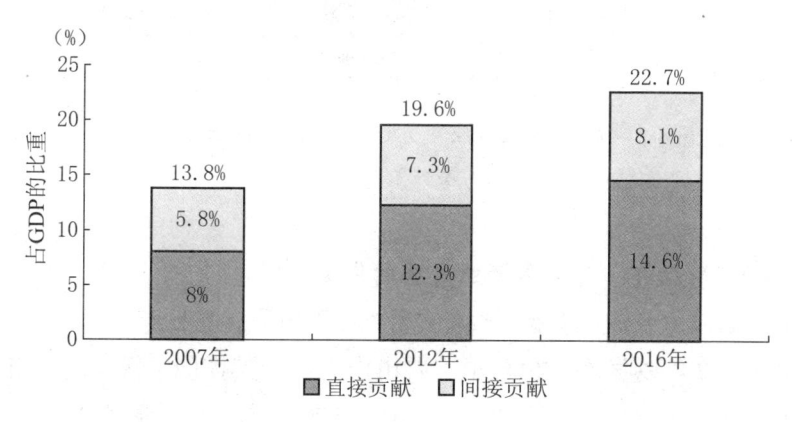

图4-1 中国"新经济"规模变化

资料来源：张东伟：《中国人口与劳动问题报告》，社会科学文献出版社2017年版，第27页。

若进一步将"新经济"区分为"新技术经济"及"新业态经济"两类，前者是指以创造新技术为目的所发生的经济活动，如高新技术产业、战略

新兴产业、专利密集型产业等；后者则是指为顺应多元化、差异化、个性化的产品或服务需求，在互联网、大数据等新技术基础上，对内外生产要素进行创新性的整合重组，从现有产业中衍生的新环节、新产业链、新营运模式等，即是以业态融合为特征的新业态经济活动，如"互联网+"产业。若从"新技术经济"及"新业态经济"占中国"新经济"的规模来看，可以发现"新业态经济"的发展速度较"新技术经济"快。这在2007—2012年尤为显著，"新业态经济"占"新经济"整体规模的比重由2007年的45%提高至2012年的62%，大幅增加17个百分点。2016年，"新技术经济"及"新业态经济"占中国"新经济"规模的比重分别为36.5%及63.5%，"新业态经济"比重仍进一步上升，但成长幅度已较2007—2012年明显缩小，2016年比2012年仅上升1.5个百分点（见图4-2）。

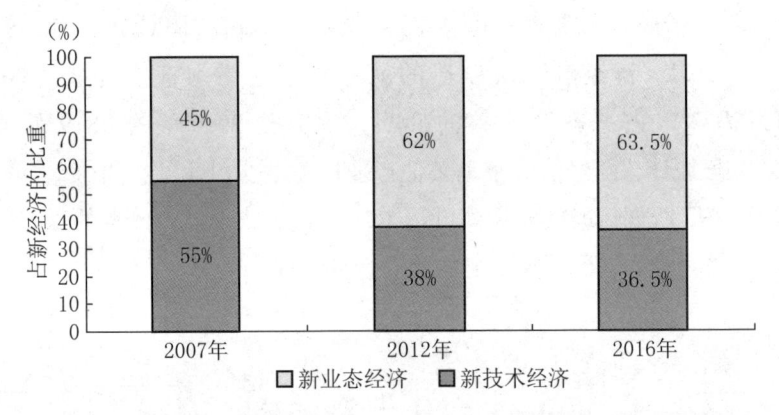

图4-2 中国"新技术经济"及"新业态经济"的规模变化

资料来源：张东伟：《中国人口与劳动问题报告》，社会科学文献出版社2017年版，第30页。

（二）"新经济"对中国产业发展的影响

1."新技术经济"发展面临较大困难，不利于制造业升级

由图4-2可以发现，相较于主要由内需市场支撑的"新业态经济"发展，中国在"新技术经济"发展面临的困难相对较大。根据Deloitte公布的《2016年全球制造竞争力指数》报告，中国自2010年起即成为全球制造竞争力最强的国家，美国、德国及日本紧追其后。不过，若进一步观察美、德、日、韩、中、印度之制造竞争力的关键驱动因素可以发现，美、德、日等发达国家的制造竞争力主要源自优秀人才、创新政策，及完善的基础建设与法规制度，与中国及印度主要凭借成本优势有很大的差别（见表4-1）。不过中国展现了超赶发达国家的强烈信心，自2007年即制定了一系列高技术产业发展的相关规划，如战略性新兴产业发展规划、"中国制造2025"等，不管是在国际专利数上还是在技术能力方面都有明显提升。唯此进展也造成发达国家的关注与疑虑，如美国依据1974年贸易法"301条款"，拟对"中国制造2025"相关产品增加进口关税，同时对于中资企业对高科技企业的并购投资采取较为严格的审查，这些皆可能影响未来中国"新技术经济"的发展，进而延缓中国制造业转型升级之步调。

表4-1 部分国家制造竞争力的关键驱动因素

驱动因素 \ 国别	美国	德国	日本	韩国	中国	印度
人才	89.5	97.4	88.7	64.9	55.5	51.5
创新政策及基础设施	98.7	93.9	87.8	65.4	47.1	32.8
成本竞争力	39.3	37.2	38.1	59.5	96.3	83.5
能源政策	68.9	66.0	62.3	50.1	40.3	25.7
实体基础设施	90.8	100.0	89.9	69.2	55.7	10.0
法规环境	88.3	89.3	78.9	57.2	24.7	18.8

资料来源：Deloitte（2016），2016 Global Manufacturing Competitiveness Index, https://www2.deloitte.com/content/dam/Deloitte/global/Documents/Manufacturing/gx-global-mfg-competitiveness-index-2016.pdf。

2. 中国特色的"新业态经济"让中国在部分领域从后进者变为先行者

在"新业态经济"发展方面，中国特色的创新模式受到世界各国的关注，并让中国在部分领域能够蛙跳式成长，由后进者变为先行者。波士顿咨询公司、阿里研究院、百度发展研究中心与滴滴政策研究院2017年联合发布的《解读中国互联特色》，针对中国互联网产业快速发展提出解释。该报告认为，在先进国家中，互联网带来的进步是渐进的，在原先良好的基础上逐步升级产业。而中国在进入互联网时代时，部分行业市场成熟度较低，有许多市场需求无法被传统产业满足，留下大片市场空白。互联网的解决方案解决了原有产业痛点，使其得到了跳跃式成长的机会，在某些领域甚至成为主导市场的力量。例如，在互联网发展初期，中国线下销售渠道的覆盖明显不足，无法充分满足消费者需求。电子商务的出现弥补了中国线下零售在覆盖及效率方面的不足，中国独特的基础环境（如大量劳动成本较低的快递员、高密度的居住环境），为电商发展开创了有利的条件。2016年，中国电商在零售中的占比（16.4%）已高出美国6.3个百分点。移动支付亦是相同。由于中国大陆信用卡普及率低，因此消费者很快接受了移动支付所带来的便利，使中国移动支付交易蓬勃发展。2016年，中国移动支付交易金额规模达8.5万亿美元，约是美国的70倍。该报告亦针对Crunchbase的175家中、美独角兽进行调查，研究发现中国独角兽以应用驱动型创新为主，约占九成，技术驱动型创新仅约占一成；而美国属于技术驱动型创新的独角兽比例则在四成左右。与前述的分析相当一致。

3. 有助于加速产业结构调整，让服务业成为经济成长的主力

随着中国经济发展，人民所得与消费力提升，消费者的需求也日益多元化与个性化。然而中国过去强调高速成长、产能扩大及低劳动力成本投入的传统经济发展模式无法配合这样的消费形态转变，因而导致低端产品生产过剩，而中高端产品的供给却不足，造成产能严重过剩但消费需求无法被满足的困境。2015年年底，中国提出供给侧结构性改革，包括去产能、去库存、去杠杆、降成本、补短板五大重点任务，要从供给、生产端着手，调整经济结构，使供给侧各要素实现最适配置，加快淘汰"僵尸企业"，有效化解过剩产能，以促进经济成长。

"新经济"的发展有助于中国进行供给侧改革及扩大需求，通过新技术、大数据及营运模式创新，企业将可以更精准地发掘、预测消费者的需求，并准确计算所需的原材料及库存，更可以通过创新思维将生产要素进行重新排列组合，以矫正资源配置的扭曲，提高企业生产效率，最终实现产业结构优化升级。尤其是分享经济的出现，为带动中国经济成长动能及提高中国整体社会运行效率提供了新的可能性。与传统产业运行环境不同的是，分享经济并不需要再额外投入新的资源才可带动经济成长，而是充分利用闲置资源，将现有的社会资源合理再分配，通过最适化配置供给方（产品及服务）和需求方，提高经济运行效率。此外，中国分享经济覆盖领域不断扩大，由交通、住宿领域拓展到个人消费的分众领域，形成影响数亿人的分享经济风

潮,此将为中国经济注入强大的新动能,有助于中国加速实现经济动力转换,把服务业变成经济成长的主力。

第二节 "新经济"对台商投资布局的影响及两岸合作机会

"新经济"的发展,除了对大陆经济及产业造成影响外,也促使台商境外投资行为产生质变。

一、台商在"新经济"下的发展特点

观察投资统计数据(见表4-2),大陆占台商整体对外投资比重已连续3年下降,至2017年比重为43.04%;同时,其平均投资规模扩张,显示中大型台商企业在大陆投资中扮演角色的重要性日益提升。再从营运绩效角度而言,近年台商面临日益严峻的营运压力,除了加工出口业面临快速上升的人力成本、环保要求外,布局内需市场者,如食品、服饰、鞋类、零售渠道等行业,也因为未能及时掌握消费行为变化,及时对销售手法推陈出新,面临门市缩减甚至亏损。

表4-2 台商对大陆的整体投资概况(1991—2017年)

年份	台商对大陆投资 项目数 个数(项)	台商对大陆投资 项目数 同比(%)	台商对大陆投资 核准金额 金额(百万美元)	台商对大陆投资 核准金额 同比(%)	平均投资规模(百万美元)	台商整体对外投资金额(百万美元)	台商对大陆投资金额占台商整体对外投资金额比重(%)
1991	237	—	174.16		0.73	1 830.39	9.51
1992	264	11.39	246.99	41.82	0.94	1 134.25	21.78
1993	1 262	378.03	1 140.37	361.70	0.90	2 801.41	40.71
1994	934	-25.99	962.21	-15.62	1.03	2 579.05	37.31
1995	490	-47.54	1 092.71	13.56	2.23	2 449.59	44.61
1996	383	-21.84	1 229.24	12.49	3.21	3 394.65	36.21
1997	728	90.08	1 614.54	31.34	2.22	4 508.37	35.81

（续表）

年份	台商对大陆投资 项目数 个数（项）	台商对大陆投资 项目数 同比（%）	台商对大陆投资 核准金额 金额（百万美元）	台商对大陆投资 核准金额 同比（%）	平均投资规模（百万美元）	台商整体对外投资金额（百万美元）	台商对大陆投资金额占台商整体对外投资金额比重（%）
1998	641	-11.95	1 519.21	-5.90	2.37	4 815.51	31.55
1999	488	-23.87	1 252.78	-17.54	2.57	4 521.79	27.71
2000	840	72.13	2 607.14	108.11	3.10	7 684.20	33.93
2001	1 186	41.19	2 784.15	6.79	2.35	7 175.80	38.80
2002	1 490	25.63	3 858.76	38.60	2.59	7 228.80	53.38
2003	1 837	23.29	4 594.99	19.08	2.50	8 563.57	53.66
2004	2 000	8.87	6 939.91	51.03	3.47	10 321.93	67.23
2005	1 287	-35.65	6 002.03	-13.51	4.66	8 449.48	71.03
2006	897	-30.30	7 375.20	22.88	8.22	11 690.62	63.09
2007	779	-13.15	9 676.42	31.20	12.42	16 146.40	59.93
2008	482	-38.13	9 843.36	1.73	20.42	14 309.85	68.79
2009	249	-48.34	6 058.50	-38.45	24.33	9 064.05	66.84
2010	518	108.03	12 230.15	101.87	23.61	15 053.60	81.24
2011	575	11.00	13 100.87	7.12	22.78	16 797.70	77.99
2012	454	-21.04	10 924.41	-16.61	24.06	19 023.05	57.43
2013	440	-3.08	8 684.90	-20.50	19.74	13 917.17	62.40
2014	388	-11.82	9 829.81	13.18	25.33	17 123.49	57.41
2015	321	-17.27	10 398.22	5.78	32.39	21 143.42	49.18
2016	252	-21.50	9 183.99	-11.68	36.44	21 307.09	41.92
2017	484	92.06	8 743.19	-4.80	18.06	20 316.39	43.04

注：不含补办项目的个数及金额。

资料来源：《核准侨外投资、陆资来台投资、国外投资、对中国大陆投资统计月报》，台湾经济事务主管部门投审会，2017年12月。

另外，部分台商因为生产成本等因素开始出现结束大陆投资，转移生产据点至东南亚、南亚国家的现象。换言之，在"新经济"崛起的过程中，有条件掌握当地商机者，是相对拥有丰富企业资源的中大型台商。以下简要说明"新经济"如何改变企业生产营销模式及台商在大陆投资布局转型趋势。

自动化生产与网络技术的发展与运用，一方面促使产业供给面的生产技术与管理效率进一步提升，实现少量多样的生产态势，降低企业对劳动力的仰赖程度，从而提高企业面对营销环境改变时的应变弹性。另一方面，少量多样的生产能力提升，亦提供消费者更具个性化选择的机会，从而造就个性化消费需求；以及在经济发展与个性化要求下，消费者对于产品价格提升的接受度增加。上述改变进一步提升企业生产议价能力，以及企业投资回应市场变化的能力。具体如下。

（一）新技术发展与运用提高企业的决策弹性，并翻转产业价值链生态

20世纪80年代中期，因土地及工资上扬，加上新台币大幅升值，许多以外销为主的台湾劳力密集型制造业厂商开始向境外投资设厂，寻找低成本生产资源。90年代之后，随着大陆加速开放、吸引境外投资的多项优惠政策，加上台湾当局两岸政策松绑，台商企业的对外投资遂高度集中于大陆。值此之时，台商搭上全球化、国际化的国际产业分工趋势，形成台湾生产中间组件，出口大陆生产组装，再将成品销往欧美市场的贸易形态，使台湾在全球产业价值链上扮演了重要一环。在此阶段，企业为在标准化量产的模式下降低生产成本，除考量工资及土地成本之外，亦通过"集中生产"获取规模经济效益，因此商品中各项小部件均分别集中在"最适合"的地方生产，再将各不同地方生产的小部件集合在一起组装销售到各地市场。如是的生产模式造就全球化的生产系统，形成全球产业供应链，并带动全球贸易的兴盛。

然而，供应链过分细致的分工模式在个性化消费、能源价格逐步上升以及消费偏好快速变化的大环境下逐渐显现出无效率及管理风险。在全球产业供应链中，运输、库存、差旅等成本占有相当比重，使企业深受能源价格变化之影响。更重要的是，当供应链分工所形成的"长鞭效应（bullwhip effect）"使下游客户端需求产生改变时，生产供应链愈往上游，其应变愈不易，变量也愈多。这导致厂商在因应个性化消费需求及产品周期变化时，从了解消费需求到研发、生产调整的时间落差扩大,增加产品生产因个别地区的天灾人祸而中断的风险。这些问题在2008年全球金融风暴后快速成为企业营运的绊脚石。

2008年金融风暴后,欧美经济成长力道疲弱,取而代之的是已有强大消费能力的大陆市场,以及人均所得快速增加、消费能力大幅提升的东盟、南亚等亚太地区和国家。此后,亚太地区新兴国家成为跨国企业投资焦点,且此次跨国企业不单单着眼于这些国家廉价的生产要素,而更重视于掌握这些国家/地区快速增长的市场商机;台商在这些地区的投资目的也由过往以加工出口为主,逐渐转变为以经营当地市场为目的。然而,开发中市场与过往的已开发市场消费者偏好有所差异,而更为分散的区域市场亦考验着企业跨境产业价值链的管理与效率。

工业4.0恰好为此等无效率管理及管理风险带来解决的方法。自动化、系统化、智慧化生产大幅降低生产过程中对于劳动力的仰赖程度,网络技术的广泛应用则大幅提升企业对于研发、生产乃至销售过程中的管理效率。受此等科技之恩惠,企业投资布局时受企业生产成本的限制程度下降,在境外投资时不再受过往劳力密集生产环节必须投资于劳动力低廉的地区之限制,而可更为弹性地考量各国各地区市场规模、投资政策、法律规范、人才供应乃至参与区域经济整合程度等外在环境因素。

(二)环境与市场因素对厂商布局决策的重要性提升

网络时代下,消费者已经养成下单后快速取货的消费习性,故即便企业无法预测消费者需求,也必须对消费者的需要作出更快的反应;而为更快反应,便需要在地化生产。"新经济"时代技术上的革新,在提升企业投资布局时决策弹性的同时,也使企业得以缩短冗长而无效率的产品供应链,以更贴近消费端,更为实时地掌握消费需求的改变。换言之,对于品牌消费产品的供应者而言,未来市场在哪里,生产就在哪里。

值得注意的是,在如此背景下,一个具有市场规模的国家/地区除原有的磁吸效应之外,其所提供的投资与租税优惠将可产生更大的加乘效果,提高企业进驻投资意愿。同时,国际贸易壁垒或区域经济整合,将加速品牌企业在不同主要市场上建立个别的产业供应链体系。具体而言,在现今全球经济发展与经贸环境变化态势下,品牌厂商将逐渐区分供应美国市场、亚太市场以及欧洲市场等不同生产体系，以掌握不同市场的消费脉动，并降低从统一生产到分配至不同地区产生的高额物流费用与风险。

就台商而言，在对外投资的发展中，台商较少经营自有品牌，多以代工方式参与大型跨国企业的产业供应链体系，故而在此波"新经济"发展中，仅少数掌握技术并建立品牌（如鸿海、上银等）企业，有能力主动掌握"新经济"发展并进行品牌的全球化布局，而多数台商企业则是因为在品牌母厂为贴近市场而调整供应链布局时，为维持其在供应链体系的地位而随之迁徙。此类厂商最明显者包括汽车、工具机、电子业等转进美国市场与价值链的，以及着眼于内需市场而加强布局于包括印度尼西亚、泰国、越南等的纺织成衣、塑化业等。

除至美国及东南亚国家的投资布局之外，大陆投资仍是台商企业在全球布局中重要的一环。台商自90年代起大量前往大陆投资进行加工出口，而如今面对大陆自身产业供应链渐趋完整、企业快速壮大等竞争，台商为巩固其投资成果及在产业供应链上的地位，亦积极提升产品附加价值、加强与大陆产业价值链之联结，并因应大陆消费形态的改变，扩大在大陆内需市场的布局。此类产业领域广泛，包括高科技电子业、机械设备、车用电子、医疗生技、绿色能源等未来趋势产业的价值链等。①

值得注意的是，现今台商以市场为考量而在大陆投资生产的做法亦已逐渐造成企业在两岸分工模式的调整。伴随大陆产品与市场发展渐趋成熟，过往台商在两岸进行所谓"高阶"与"低阶"技术的划分已逐渐被供应"大陆市场与非大陆市场"的分工生产模式所替代，亦即台商在台湾和大陆均生产相同或因应消费需求不同的相似产品，并在两岸设置独立的生产、销售以及研发部门，以服务不同客户群。

二、"新经济"下台商在大陆投资布局转型趋势

（一）着眼于市场而加强市场布局

虽然至大陆投资的台商仍以制造业为主，但近年在大陆内需市场吸引及

---

① 史惠慈：《因应经商环境转变的台商投资布局》，《经济前瞻》2018年第176期，第99—104页。

政策引导之下，不仅制造业台商更加重视大陆内需市场而加强布局，服务业台商赴大陆投资之意愿亦明显提升，甚至似有较制造业更积极布局大陆市场的倾向；而近来网络科技与传统生产或营销模式的结合，带动大陆消费形态的转变，亦加速台商企业生产与营销模式的转型。

对多数投资大陆的制造业台商而言，虽然原来的投资生产以出口为主，但经过长期在大陆投资经营，与其配合的相关产业供应链均已相当完备，故考虑到大陆庞大内需市场兴起及转移投资的相关成本，即使面对大陆生产成本与相关环保要求趋于严峻，仍以加强技术提升并布局大陆市场为其主要经营策略。在服务业方面，民生服务业（包括如金融保险、批发零售）领域的台商，面对大陆消费者高度接受的网络科技下的"新消费"形态，多采取复合形态的经营策略，加强其特色并满足消费者体验需求，通过扩点、在线服务、线下体验、导入数据分析、加强物流等形式，提升品牌知名度，并创造客流量及营收。生产性服务业台商更运用其在大陆所建立之网络资源，搭配母集团资源（人员、技术、产品等）与网络技术应用，提高管理与服务效率，以提供给台商、陆资企业（尤其是中小企业）更全面的服务。

（二）加强新技术应用与产品开发，参与大陆产业供应链

面对新技术在各产业领域的应用发展、消费形态的转变以及个性化消费时代下产品周期缩短等发展趋势，台商除积极开发下一代产品外，更顺应产业发展潮流，转向新技术应用布局。具体而言，积极加强新技术应用或技术转型升级的产业包括：（1）目前正面临转型并调整供应链体系的产业，如汽车电子、电动车；（2）新兴产业领域，包括医疗器材、绿能科技、物联网；（3）陆资竞争优势尚未成熟之产业环节（如硅晶圆材料、半导体后段封测业务、工程技术服务业等）。

值得注意的是，前述产业亦系陆资企业积极投入的重要领域，两岸在产业发展上最终恐难免相互竞争之局面。故双方若能寻求适切合作，或可降低严峻的竞争态势，并且排除市场失序发展。举例而言，为能具体掌握大陆经济发展与相关建设之商机，台商除依循在前述相关产业领域中长久累积的制造能量，积极导入新技术的应用，以维持在该等领域的技术优势之外，寻求与陆资企业策略合作、规划在当地上市等均系台商深化大陆投资布局之策略。例如，目前已有多家企业取得大陆的认证（如车规认证 ISO/TS16949、

医疗器材质量管理认证 ISO13845 等），甚至成功参与大陆的产业供应链。倘若两岸可在该等产业领域或产业环节中寻得产业供应链上的互补与合作，当给两岸产业发展带来明显助益。

三、"新经济"之下两岸的合作机会

近年两岸产业竞合态势与两岸关系变化，已对双方产业合作空间造成影响，甚至已有竞争大于合作之态势，但从"新经济"发展的角度而言，部分产业或领域仍存在合作空间。

（一）特定产业因两岸互补性衍生的合作机会

虽然整体而言，近年两岸产业合作之空间缩小，但部分领域由于台湾产业发展相对成熟，加以大陆需求成长，两岸存在因互补性衍生之合作机会，特别是以技术为核心的"新技术经济"。例如，两岸于通信领域共同投入 5G 研发，台湾业者联发科即加入由中国移动主导的"5G 终端先行者计划"，进行 5G 终端应用场景、产品形态、技术方案、测试验证、产品研发等领域之合作；因应大陆环保要求提高，强制要求企业落实环境责任，台湾相关环保工程服务产业由于已有具体实绩，可通过两岸合作，掌握大陆市场商机。

（二）软硬件与跨界整合的机会

"新经济"将衍生新的产品与服务需求，带给台商新的参与机会。例如，建大、巨大以及鸿海等业者，已与大陆共享单车平台业者合作，共同开发耐用度高、具定位功能之专属单车产品；因应人工智能时代的到来，台湾具备的半导体产业聚落、研发能量等优势，加之拥有多样化之跨产业基础（如智慧医疗、智慧照护、智慧制造、智慧汽车等），有利于开发 AI 应用，并可扮演重要的 AI 芯片供应商角色，进而支持两岸"新经济"的发展。

（三）制度合作的机会

制度合作由于涉及两岸领导层及单位协商，其困难度高于以个别企业为基础之产业合作，唯因应"新经济"时代的来临，两岸仍应寻求突破，为业者营造发展条件。例如，两岸电子商务往来密切，已是重要的"新零售"模式，亦为制造商销售与民间消费的重要环节；在电子商务领域，两岸可寻求合作之议题则包括简化检验检疫流程、推动检验结果互认，以减少重复检验；两岸各自皆加强对电子商务税务之管理，以避免传统贸易化整为零等弊

端，未来或可评估推动双方税务制度合作的可行性，以提高电子商务相关物流与资金流效率。

四、结论与建议

有别于 2000 年后以网络技术及美国经济成长为主的"新经济"时代，2010 年后，由多样化技术创新驱动的"新经济"，带动了新技术、新产业、新业态、新模式的发展，再次获得关注。在两岸脉络下，近期这波"新经济"主要涵盖三大方面，即多元平台经济模式崛起：以去中间化、去中心化与去边界化为核心概念，通过网络效应创造赢者全拿、大者恒大的新商业模式；传统制造业与服务业营运模式转变：传统营运模式面临新的经济模式影响，既有竞争力弱化，转型需求更为迫切；核心技术决定新兴产业发展：制造业仍为支持大陆经济成长之骨干，特别是"中国制造 2025"计划所涵盖的项目，将是大陆寻求自主创新的重点目标。

对于台商而言，从投资趋势中已可观察出，中大型企业台商在对大陆投资中扮演角色的重要性日益提升；过去曾布局内需市场的民生消费领域业者，多年建构的品牌、经销渠道体系，似乎都未能累积竞争优势，在近年"新经济"浪潮中受到冲击，相对而言，以技术、研发为核心的台商，仍能掌握部分"新经济"衍生的商机。换言之，相对于台商受到"新业态经济"的冲击，台商较有机会参与"新技术经济"的发展，但仍以具规模的中大型台商较具条件。基于此，以下提出若干建议。

首先，面对"新经济"时代的来临，两岸皆积极推动经济成长模式的转型，以寻求经济成长新动力。基于两岸经济往来密切，双方应根据各自产业条件，寻求互补与合作空间、降低产业恶性竞争，以共同迎接快速变化之国际产业情势。考量台商在通信、绿能、环保、循环经济等领域，仍具有一定优势，建议通过产业协会交流、两岸企业家峰会及相关论坛等平台，以对于两岸经济与产业发展皆有正面效益为诉求，积极争取两岸于产业转型及新兴产业之合作。

其次，从上述分析可知，由于大陆投资环境改变与经济成长转向追求质与量兼顾，台商早已无法享有早期之投资优惠条件，如仍依循既有劳力密集、低附加价值营运模式，将面临庞大营运压力。目前大陆整体环境已发展成对中大型企业较为有利的局面，应提供小微型企业合理参与之市场空间。同时，针对大陆日益严格之环保要求，应根据企业规模差异，提供相应之辅导协助措施与缓冲期，以降低对企业的冲击。

对台商而言，2000年后由于当时以网络为基础的"新经济"泡沫化，业者对于投入创新趋于审慎，并未能在后续的社群媒体、平台经济兴起中掌握相关商机。但在这一波人工智能兴起与相关应用兴起之"新经济"浪潮下，各方对于硬件与系统整合需求将增加，两岸合作的机会浮现。各国各地区推动的"再工业化"浪潮与近期贸易争议都将促使供应链缩短，台湾长期通过境外生产基地，以高效率、垂直整合、弹性制造体系生产所塑造之竞争力，却在"新经济"时代面临挑战。预期未来产业链将朝向市场规模大的地点集中，区域化与本地化供应链将成为趋势，台商过去以三角贸易为基础的营运模式势必有所调整。显然，复制台湾营运模式或产品已经无法保持竞争优势，台商必须深度结合境外投资据点、人力等资源，创造新的价值与资产，营运模式也必须更接地气。

最后，尽管"新经济"带来庞大商机，但业者须审慎规划参与"新经济"之策略。参与"新经济"商机的策略有多种，或是扮演平台经济下的新中间商，或是平台体系的参与者，或是关键技术或零组件提供者，但均必须根据企业自身特性进行规划。

（杨书菲　吴玉莹　林俊甫）

第五章 两岸高新技术产业合作的形成与发展

　　由于发展水平、政策导向、体制因素、资源禀赋、产业目标的巨大差异，两岸产业结构存在诸多差异。这主要体现在以下四个方面。首先，产业发展阶段不同，大陆正处于工业化的中后期阶段，制造业在整体经济发展中所占比重偏高，但随着大陆新发展理念的建构与发展，在经济发展方式与结构调整方面的进程将进一步加快，两岸产业合作呈现互补性与竞争性相互交织的局面；而台湾已基本进入服务经济时代，服务业比重高达七成，与发达经济体接近，但制造业的竞争优势则有所弱化，两岸合作需要寻求新的动能与空间。其次，两岸制造业的内部结构不同，大陆传统产业仍是制造业的主体，而台湾制造业中高科技产业所占比重高，尤其是电子信息产业和光电产业作为制造业支柱型产业的地位进一步巩固，这一方面有助于强化台湾的产业集聚度，但另一方面则导致台湾产业资源的固化，不利于新兴产业的发展。再次，大陆作为具有全球性影响的经济体，具备门类齐全、发展相对均衡、竞争力不断增强的产业结构，而台湾的产业构成则具有明显的集中性特征。例如，2016年的半导体和光电产值占台湾制造业产业的将近一半，具有举足轻重的影响。最后，两岸产业的发展阶段性不同，尽管更加强调创新的元素，但大陆产业仍以投资驱动型为主，而台湾产业发展已基本进入创新驱动阶段，以发展知识密集型产业见长。上述这些差异性是推动两岸产业互补合作的基本驱动力。当然，在上述差异中，两岸产业发展还有一个最主要的共性，就是在经济发展过程中，制造业依旧是推动经济增长的主要动力。虽然台湾的服务业比重高达七成，但在GDP构成中，对外贸易仍是带动经济成长的主要来源，显示出口行业对经济发展具有举足轻重的影响；而在台湾的出口结构中，货物贸易占九成，因此，制造业作为经济发展核心动力的重要性尚难以撼动。从这一角度分析，两岸产业合作的基本内容必然以制造业为主体。这一点从台商对大陆投资中的产业结构就可以得到验证。

基于此，两岸产业合作的动因来源于内外两方面。从内部因素看，由两岸产业资源禀赋的巨大差异所引致的产业合作比较利益以及台湾经济环境变化引起的产业外移，使得两岸产业合作存在巨大的互补合作空间，这是推动两岸产业合作不断深化的源动力；从外部环境看，面对日本、韩国上游产业的激烈竞争，东盟各经济体以及大陆的快速赶超，台湾产业发展面临着前后"夹击"的巨大压力，迫使其必须通过深化与大陆合作实现优势互补，获得新的发展空间。事实证明，无论是台湾的夕阳产业（传统产业）、策略性产业（高科技产业尤其是电子信息产业），还是新兴产业（生物科技、绿能产业、环保产业等），大多通过对大陆的投资与合作达到延缓衰退周期、促进产业成长的目标，显示通过产业合作，实现两岸在要素资源、产业结构、技术水平三方面的优势互补，从而形成产业之间强大的利益驱动机制，推动两岸产业合作的深化。

第一节　两岸产业的合作模式与区域选择

一、当前两岸产业合作的主要模式

从 1989 年迄今，两岸产业合作主要有三种模式，即产业分工、投资和贸易。产业分工是两岸产业合作的基本形式，主要体现在上下游之间的产业合作与交往方面，而两岸企业之间的战略合作、交叉持股等横向合作相对较少。如前所述，两岸产业结构、要素禀赋、比较利益优势的差异，决定了两岸分工将呈现出垂直分工和水平分工并存的特点，这两种分工方式在两岸各类产业合作中均存在。从产业门类来看，在以出口导向为主的高科技产业的合作中，垂直分工仍是最主要的形态；而在以内销导向为主的产业中，水平分工最为普遍。总体而言，随着大陆经济的快速发展以及两岸合作的深化，水平分工以及企业之间的横向合作将逐步成为两岸分工的常态。

就当前的发展态势而言，投资是实现两岸产业合作的主要途径。由于产业发展的水平差异，现阶段两岸产业合作仍以台商对大陆的投资为主导，再加上台湾当局对陆资入台的限制，① 现阶段单向投资仍是两岸产业合作最显著的特征。但随着大陆经济的持续发展，两岸企业在"一带一路"沿线开展多种形式合作将成为新的趋势。

贸易是推动两岸产业合作的主要动力。东亚产业分工网络中的重点是中间产品的生产与交易，但始终缺乏可以容纳最终产品的足够的消费市场。因此，两岸产业合作的重点并非生产最终产品满足大陆市场的消费，而是以生产零组件和中间制成品并在大陆加工装配成最终产品实现出口为主，具有典型的"投资带动贸易"特征，属于加工贸易方式。② 这种方式是两岸产业合作的重要形式，具体模式就是台湾母公司投资大陆的子公司，而子公司的产品直接或经返台再加工后供出口。由此产生出东亚区域产业分工中典型的由出口带动第二次乃至第三次出口需求的效果，这既是两岸产业合作的重要方式，也是台商投资"出口极大化"效应产生的源泉。

需要指出的是，高科技产业是两岸产业合作的重要组成部分，处于两岸产业合作中的核心地位，这种细致、绵密的合作也为两岸经济合作的深化提供了有利的条件。从目前情况看，在高科技产业发展方面，两岸各具优势。大陆的优势在于产业发展门类齐全、基础研发能力强；台湾的优势在于与国际市场结合度高、制程先进、获利能力强。具体到两岸产业合作，台湾仍居于主导地位，这主要是由于合作载体是以台湾的优势产业为主，以出口导向为主，合作主要围绕台湾具有比较优势的产业展开。从现阶段两岸高科技产业合作的态势看，主要体现出五方面的特点：一是围绕着电子资讯类大企业所形成的产业链（以台资企业之间的配套为主），二是企业的合作类型以电子信息产业为核心，三是产业地区集聚度高（仍集中于长三角和珠三角两大区域），四是本地化趋势明显（包括资本、人力资源等要素对接），五是以加

---

① 台湾当局直到 2009 年 6 月 30 日才正式宣布开放陆资赴台，截至 2017 年年底，台湾当局对陆资赴台仍面临技术取得、持股比重等一系列的歧视性政策限制且有加剧的趋势。而台湾当局宣布对"中兴公司"的制裁措施更加剧了两岸经济的紧张关系。
② 长期以来，两岸贸易中加工出口贸易比重一直占 60% 以上，其中：2015 年大陆自台湾进口中来料加工与进料加工比重高达 55%，对台湾出口中两者合计达 47%。

工装配产业为主（也就是台湾承担国际代工的延伸）。上述特征具有典型的东亚区域产业分工特点。因此，对国际产业分工背景下的两岸产业合作进行研究就具有重要的理论意义和现实意义。

二、两岸合作的产业区域结构分析

从目前情况看，两岸产业合作出现了一系列新的发展动向，主要表现在以下三方面：一是产业合作以高科技产业与服务业为主，而从投资金额上看，电子信息产业仍占据明显的优势；二是合作的方向呈现两极化趋势，即根据产业类别不同，分别趋向于资本密集型（以硬体生产为主）与知识密集型（以软体服务为主），而中小企业的发展空间仍不明确（或者继续"在夹缝中求生存"）；三是台商产业投资的重点从沿海向内陆扩张，这种调整的典型特征是扩张而非转移，显示两岸产业合作是在转型与延伸，而不是简单的迁徙与替代，表明两岸产业合作在持续深化的进程之中。

从未来的发展趋势看，在两岸关系面临严峻复杂形势下，彼此的对抗性不断上升；但随着大陆《关于促进两岸经济文化交流合作的若干措施》的出台，大陆将在更多的领域推动惠及台资企业举措和为台湾同胞在大陆学习、生活、创业、就业提供与大陆同胞同等的待遇。在这种情况下，未来两岸产业合作将会继续得到深化，彼此间的优势互补也会有助于两岸在国际产业分工体系中地位的巩固和提升。两岸处于亚太区域合作环节中的核心位置，面对经济全球化以及区域经济一体化所推动的世界范围内要素资源重新配置的挑战，需要加快合作的建构，以强化产业合作为载体，尽快实现两岸间要素的自由流动与重新配置，以更好地应对区域经济结构变化的挑战。

两岸产业合作在大陆不同区域的差异很大，且发展程度不同，而产业集聚度高、合作程度深、特征最为典型的是在长三角地区。这主要是基于三方面的原因。一是台商在长三角的投资兴起与浦东的开发开放密切相关，而浦东的开发开放则是以"面向世界"为目标的，因此这一合作本身就具有明显的融入世界经济体系的指向，由此显示出两岸产业合作本身与经济全球化进程紧密相关。二是在两岸产业合作中，台商投资长三角以高科技产业为主，且基本以出口为导向，出现所谓的"902"（90%的产品在接到订单后2天内完成出口）、"1002"（100%的产品在接到订单后2天内出货）工厂，具有显著的国际产业分工形态,而这一形态随着欧亚通道的建设,逐步向中西部等内陆地区延伸。三是长三角作为大陆经济最发达地区,以上海为中心的城市群已经逐步成为世界经济发展中最引人注目的经济带,两岸在这一区域内的合作有助于共同提升竞争力,从而更好地迎接全球化与区域经济一体化的挑战。由此,可以预期,类似两岸在长三角区域的合作方式会随着大陆整体区域发展水平的提升而进一步拓展。

从另一方面看,长三角地区的对外开放进入以市场化与经济体制改革为主要特征的新的发展阶段。随着对外开放进程的加快与外资的大规模进入,长三角地区的要素结构与资源配置呈现出一系列的调整与变化,并推动与此相应政府管理体制与管理方式的变革,这些调整与变化不仅在很大程度上影响和主导着台商的投资布局,也形塑了区域新的经济发展格局。这种以台商投资为特征,促进相关要素结构适用性调整的变化,不仅在很大程度上加快大陆外向型经济发展的进程,而且也有效提升台商在区域分工中的竞争力,从而形成互动双赢的合作格局。需要指出的是,截至目前,由于市场资源、区位、要素禀赋与经济体制等方面的差异,长三角台商在投资领域、产业布局、产品结构与经营模式等方面形成与其他区域不同的特点,而这些特点将随着中西部地区要素结构的优化而形成有序的延伸与发展,进而推动两岸产业合作的提升与深化。

第二节 台湾高科技产业在国际分工中的地位及特征

一、台湾高科技产业在国际分工中的地位

台湾高科技产业的发展起步于20世纪80年代,以1980年新竹科学园区的设立为标志,由电子信息和半导体产业切入,通过吸引海外人才为领军人物,逐步建构起高科技产业的发展基础。80年代后期,台湾面临成本上升、环保标准提升、国际市场竞争激烈的巨大压力,在这种情况下,将制造业发展重点转向高科技产业就成为必然的选择。随着发达经济体的产业转移、岛内要素投入结构的调整以及当局政策的大力引导,台湾高科技产业迅速发展起来;进入90年代,电子信息、半导体产业已经成为台湾制造业中

的支柱产业，进入东亚产业分工体系中的积极的"赶超者"行列，在全球电子产业链中占据重要地位。在高科技产业发展的带动下，台湾的出口结构也出现显著变化，从劳力与资本密集型产品转向技术密集型产品。以电子信息产业为例，其产值在1995年就排名全球第三，半导体产业为全球第四，晶圆代工则跃居全球第一。

表 5-1 台湾高科技产业发展趋势

产业类别	主要企业	产 值	发展趋势
半导体	台积电、联发科、联电、日月光、硅品、奇景光电、联咏、瑞昱、力晶、华亚科、南亚科等	2014年产值760亿美元，仅次于美国；2017年的产值接近800亿美元，与美国的差距进一步缩小	在全球仍具有较强的市场竞争力，且随着研发投入的持续增强，在可以预见的未来，仍在全球市场占据一定优势
电子制造	鸿海精密、和硕联合、仁宝电脑、广达电脑、纬创资通、佳世达科技、英业达科技等	台湾电子企业在全球分工中的产值接近3 100亿美元，成为全球巨大的科技产品制造业聚落（其中60%以上在海外生产，55%集中在大陆）	电子制造作为代工模式的代表，受到来自新兴市场的竞争；但短期内，仍具有较强的竞争力
精密机械（包括数控机床、磨床等工业机械以及零部件制造等配件产业）	友嘉实业、东台精机、程泰集团、台中精机、永进集团、上银集团等	2014年机床产品出口位居全球第四，仅次于日本、德国和瑞士	精密机械行业逐步强化与智能制造的结合，但也面临来自新兴市场的竞争，需要加大研发方面的投入
TFTLCD产业（包括OLED、LTPS、IGZO、ALCD、IPS、MVA、量子点广色域、曲面屏、4K面板、8K面板、柔性显示器等）	群创光电、友达光电（两者2014年全球市场占有率35%），元太科技（全球最大的墨水屏制造商），中华映管、瀚宇彩晶等	目前，显示器产业属于台湾的支柱性产业	长期以来，TFTLCD产业一直居于全球前三位，但面临来自大陆的挑战，新阶段无论是产业规模还是研发投入均已被大陆超越

（续表）

产业类别	主要企业	产值	发展趋势
石化产业	台塑关系企业、中油公司、长春集团、远东集团等	台塑关系企业2014年石化产品营收接近400亿美元，在全球前十大石化企业中名列第七	受岛内日益严格的环保标准影响，产业扩充和产值增加均面临巨大的挑战，对外投资成为必然选择
工控设备（数控机床PLC、工业电脑、工业嵌入式主板、工业电源、MCU、传感器、工业信息化系统、工业自动化系统等）	台达电子、东元电机、研华科技、MOXA科技、宝元数控、新代数控、力科光电RIKO、赐福科技、威盛电子、中兴电工、神通电脑、联发科、盛群半导体、凌阳科技、松翰科技、新唐科技等	台达电子2014年合并营收62.5亿美元，是全球前三大工业电源和马达控制器制造商；研华科技合并营收12亿美元，是全球最大的工控设备制造企业；力科光电RIKO是全球前十大传感器品牌	这一产业领域属于新兴产业，发展较快，但总体规模有限，且进入门槛日益提高，中小企业的发展受到较大制约，整体产业发展动能不足
新能源	目前企业规模总体不大、布局相对分散，但具有较强的国际竞争力。台湾工研院在新北市金山建设装机容量为10 MW的地热发电厂，是亚洲最大的单一地热发电厂之一	台湾的太阳能光伏产值与产能均居世界第二；全球二十大光伏企业台湾占7家，市场份额达20%；台湾也是全球为数不多能够制造5 MW级风力发电机的地区	作为"5+2"产业的重点领域，新能源产业呈现较快的增长，新阶段主要集中于绿能产业和电动汽车，但也面临外部较大的竞争压力

资料来源：笔者根据资料整理。

据台湾媒体报道，瑞士洛桑管理学院（IMD）31日公布2016年全球竞争力报告，在全球61个国家与地区的评比中，台湾地区竞争力评比下跌了3位，由2015年的第11名跌至第14名，也是2010年以来表现最差的一次。报告指出，经济效能是拉低台湾今年竞争力排行的最主要因素。从数据上看，凡是涉及GDP的评比项目，台湾都大幅下滑。特别需要指出的是，台湾的劳动市场从2015年的第25名大幅下滑8名，跌到第33名，IT基础建设也从2015年的第9位跌至第12位。IMD公布的全球竞争力评比资料显示，台湾地区在2011年表现最佳，竞争力排名跃升至全球第6名，是史上最好成绩；2012年台湾地区竞争力排名退步到第7名，2013年排名第11名，2014年排名第13名，2015年排名第11名，2016年则退步3名，跌落至第14名。① 另据世界经济论坛2016年9月30日公布《2015—2016年全球竞争力报告》，台湾排名第15名，较上年度退步1名，创下2009年以来新低。在亚太地区的国家和地区中，中国台湾地区输给名列第二的新加坡、第六的日本和第七的中国香港地区，但领先第26名的韩国和第28名的中国大陆。对此，台湾当局在报告发布当天分析称，台湾今年排名下滑主因系科学家、工程师等人才的供应不足，以及台湾企业对境外营销、拓展通路的掌握度不够。② 由此可见，台湾高科技产业在全球分工中的竞争力有所弱化，但整体仍占据一定的地位，较大陆仍具有较强的竞争力。

二、台湾高科技产业的特征

从台湾高科技产业的整体发展情况看，其主要体现以下四方面的特点。

（一）产业集聚度高

以IC产业为例，据2016年年底统计，台湾该产业包括272家IC设计公司、8家晶圆材料公司、3家光罩公司、14家晶圆制造公司、30家封装公司、37家测试公司、15家基板生产厂商、19家化学品生产厂商、4家导线架生产厂商，基本集中于台北—新竹沿线③，部分制造企业则由于政策导向因素（土地取得便利与税收优惠）集中在台中、台南的高科技园区。显著的产业集聚效应为产业整合、成本控制提供了极大便利，使企业不仅可以有效地整合资源，在最短时间内将设计转化为商品，而且可以最大限度地降低成本，提高出货速度，增强市场竞争力。

（二）产业链完整

以半导体代工产业为例，这一产业内的主要厂商以全球系统单晶片

---

① 《2016年全球竞争力排名公布，台湾竞争力创新低》，新华网，http://www.xinhuanet.com/tw/2016-06/01/c_129032985.htm。
② 台湾"中国时报"2018年10月1日。
③ 笔者根据台湾《经济日报》相关资料整理。

(Soc）设计暨制造中心为核心，形成了对全球市场供应具有影响力的IC设计及制造集聚区，在半导体产业链各环节均分布有关联企业，形成上下游企业之间的有效合作。

（三）产研结合紧密

台湾高科技产业以工业技术研究院（财团法人组织，简称"工研院"）为核心形成紧密的产学研关联体系，以推动技术成果迅速实现商品化。工研院每年根据全球科技发展趋势，制订研发计划和具体项目，企业可以根据自身的发展需求并结合公布的项目与工研院形成合作。在政策的鼓励下，岛内高科技企业可以充分利用该机构在人才、科研方面的能力和完备的科技成果转化机制，使企业自身的技术发展与全球技术发展潮流形成紧密的衔接。值得注意的是，在体制的激励下，台湾科技人才在企业与科研机构之间的流动非常活跃，从而有效地推进了产研结合，带动了企业研发的活跃，增强了企业依赖技术投入来实现产业和产品升级的动力。

（四）上下游企业普遍相互持股

台湾高科技企业与上下游产业联系紧密，注重有效整合资源，通过相互持股方式形成稳定有效的长期合作关系，进而分担风险。其作用在于，一方面通过规模化的集中性原料采购尽可能地降低生产成本；另一方面通过上下游相关企业在产销环节上的直接联系，减少中间环节费用，避免盲目生产。例如，国际IT巨头英特尔公司作为台积电最大的采购者，同时又与台积电形成相互持股关系，这典型地反映台湾高科技产业紧密的国际联结及注重上下游之间整合的特点。这种经营模式深刻影响着台湾高科技产业的发展。

一般而言，研发最能够体现出产业发展的核心竞争力，属于"微笑曲线"的高端，不仅附加价值高，而且也是推动产业发展的先导。长期以来，台湾经济发展是建立在劳动密集型产业和资本密集型产业较强的出口竞争力基础上的，但也导致岛内产业利润空间窄化和中小企业发展空间局促的窘境。为加快提升产业能级，拓展社会经济发展的空间，台湾当局采取一系列相应的政策措施，加大对科技尤其是应用制程的研发力度，推动形成产学研合作机制，积极引进境外高科技人才来台发展。在2016年以当期PPP计价的研发支出评比中，台湾研发投入185.5美元，在参与评比的经济体中排名第11位；而研发投入占GDP比重，中国台湾地区2016年为2.65%，高于德国、法国、英国等，位居世界第九，并在高科技制造业中以支出高达70.97%的研发经费排名世界第一，反映出台湾明显的产业倾向与产业结构特点。[1]尽管随着全球竞争的加剧，台湾在产业领域的研发优势不断弱化，无论是投入还是排名均明显下降，但经过20多年的积累，目前台湾高科技产业的应用研发仍具备较强的国际竞争力和市场应用能力。由于两岸产业合作主要通过台商投资并以台湾主导产业的产能延伸为主的合作方式进行，因此，台湾在两岸合作中基本居于主动地位，而这也与台湾在国际产业分工中的地位及市场开发能力相关。目前，两岸高科技产业的合作总体仍处于以垂直分工为主的阶段，但需要更有效地整合两岸优势，进一步扩大合作空间，通过相互学习借鉴，推进产业升级，以提升两岸在国际高科技产业分工中的地位和竞争力。

此外，台湾高科技产业在发展过程中，对技术专利研发一直比较重视。从专利核准数上看，台湾特别注重引进境外的专利申请。2007—2016年，境外人才在台湾申请的专利比重从39.4%提升至43.1%，2016年达到31 758件。[2]另据台湾统计，中国台湾地区在美国专利商标局（USPTO）的排名列世界第四，在日本特许厅（JPO）的排名为第5位，在中国大陆知识产权局则位列第三。在台湾重点发展的电子信息及光电、通信领域，其专利量平均名列世界第四。[3]但由于该产业的专利多为制程及设计专利，需要进行技术整合才能够进行实际应用，因此专利产出率不高。从技术贸易的结构看，中国台湾地区技术输入的主要来源地是美国与日本，技术输出的主要对象是中国大陆和香港地区，这既显示出美日对向台湾地区转移技术的限制度较低，也从另一层面反映出台湾高科技企业集聚度高的布局特点。

---

[1][3] 上述数据参照台湾当局《科技发展报告》（2017年）整理。
[2] 资料来源：Intellectual Property Office.MOEA。

表 5-2　台湾地区企业运营状况及投入研发状况统计表（2013—2016 年）

年份 指标	2013	2014	2015	2016
营运中工厂数（家）	76 642	77 522	77 851	77 578
年底员工人数（千人）	2 220	2 271	2 264	2 307
全年营业收入总额（亿元）	109 909	125 568	127 368	150 455
全年营业支出总额（亿元）	99 987	113 835	119 953	137 953
当年固定资产投资总额（亿元）	6 182	9 910	10 549	11 818
年底存货及存料总额（亿元）	15 485	17 756	18 059	21 060
员工薪资（亿元）	10 054	10 722	11 169	11 993
平均每厂员工人数（人/家）	29	29	29	30
平均每厂营收（百万元/家）	143	162	164	194
每员工创造营收（万元/人）	495	553	563	652
受雇员工平均每月薪资（万元/人）	4	4	4	4
薪资率（%）	9	9	9	8
存货率（%）	14	14	14	14
研究发展单位数（家）	5 909	6 195	5 872	5 920
研究发展经费（亿元）	1 786	2 025	2 218	2 703
技术购买（亿元）	549	557	623	703
技术销售（亿元）	108	122	169	194

资料来源：笔者根据台湾当局《工业统计调查报告》（历年）整理。

由于台湾的研发基本集中于应用技术领域（属于制程技术的改进与创新），基础研究能力不足，导致其在关键设备与重要零组件方面严重依赖进口。以半导体产业为例，尽管台湾这一产业在全球产业分工中占据较大的市场份额（70%），但关键制造设备（光阻涂布设备、微影设备等）及关键零组件均需进口。这不仅导致成本居高不下，而且使其难以实现在国际产业链中地位的提升，不过也为两岸的合作提供了巨大的空间。

台湾地区高科技产业经过20余年的发展，进步显著。据台湾《产业技术报告》统计，岛内十大新兴产业工业产值2006年超过2 000亿美元，年平均增长11.2%，但其后增长率逐步下降，到2015年产值约2 700亿美元，年均增长率大约为6%。[1] 台湾高科技产业的传统优势集中在信息电子产业领域，包括信息工业、信息服务业、无线通信业、电子零组件业、精密仪器产业、光电产业、电脑多媒体产业（声卡、显卡等）、监视器业、半导体工业、传真机产业和消费性电子工业11个类别。现阶段，半导体工业成为台湾高科技产业的支柱，从原先以封装测试为主转为以芯片的代工生产为主，目前产量占据全球的70%。通信工业产值2016年已经达到220亿美元。[2] 这一发展态势对台湾的贸易结构产生较大的影响。从出口产品的结构看，2017年，台湾出口大陆前十大货品类别依次为电机设备及其零件、光学产品及其零件、塑料及其制品、机械用具及其零件、有机化学产品、钢铁、铜及其制品、矿物燃料、人造纤维丝、杂项化学产品等，总计超过900亿美元，其中以光学产品及其零件最具竞争优势，而在这方面两岸合作的空间巨大。[3]

总体而言，台湾高科技产业发展的形态、特点及不足正是两岸在这一领域强化合作的动力与基础，也是长三角地区迅速形成台湾高科技产业集聚的主要原因，通过有效的合作，两岸不仅可以有效提升竞争力，推动产业升级，而且还可以通过共同参与技术标准的制定，在全球分工网络中占据更有利的地位、发挥更大的作用。

第三节 台资高科技企业投资大陆的发展与调整

一、台资高科技企业投资大陆的基本形态

1993年以来，台商对大陆投资项目逐渐向资本、技术密集型的产业转

---

[1] 台湾《工商时报》2015年2月12日。
[2] 台湾《经济日报》2016年3月15日。
[3] 台湾《工商时报》2017年1月20日。

移,生产方式已不再局限于简单的加工装配制造,投资规模日趋扩大。投资地区由南向北推进,由沿海向内地扩张,由以往的单项投资向区域性综合开发拓展;投资形态由以往单纯的租用厂房、引进设备、采取简单装配加工的短期行为,转变为通过购买厂房、转移技术及取得长期土地使用权等营运方式,投资年限不断延长;投资策略由早期多属中小企业规模及外销市场导向逐渐转变为大型企业登陆及内外销并重;经营形态由合作经营或合资方式,发展为独资经营,然后又转变为以独资与合作、合资参股并存的形态;投资方式由个别产业转向整合产业链,形成上、下游垂直整合或中心—卫星体系(大企业与形成配套的中小企业)方式共同前往投资,设厂地点也由零散转向日趋集中;以出口导向为主的企业运营模式也开始由"台湾接单、大陆出货"转为按照具体情况采取"台湾接单、大陆出货"或者"大陆接单、大陆出货"方式进行,甚至出现整体产业链转至大陆的情况。

从假借华侨名义以合作、合资方式进行投资,到以间接方式进行投资,然后到以强调独资方式投资大陆,再到以策略联盟方式与欧美日企业共同投资大陆,从全球分工的角度看,这不仅意味着台商在两岸政经现状下逐步寻找到自身最佳投资合作形态,而且这种形态逐步与跨国公司进军大陆市场的需求相衔接,成为构建两岸一体化过程中更加积极而活跃的因素。

比较而言,台商在大陆的投资与其对其他经济体的投资在政策导向、产业类型上存在较大差异。首先,在政策导向上存在明显差异,它对大陆的投资长期以来始终面临着台湾当局政策性的限制与紧缩,而对其他经济体的投资则一直为台湾当局所鼓励。例如,1994年、2002年,台湾当局两次提出所谓的"南向政策",鼓励台商赴东南亚投资。其次,在投资的产业类型上存在明显的差异,台湾对其他经济体直接投资为1 201.6亿美元,其中对大陆以外经济体的投资为553亿美元,且大多集中在东亚地区;从投资的产业结构看,对大陆的投资基本集中在高科技产业(电子零组件、电子信息产品、电力设备等)领域,占对大陆投资的51%,而对其他地区的投资在高科技产业领域则仅占19.5%,显示对其他地区的投资并非以实现产业合作为主,而重在参与和进入当地市场。这种差异化的投资不仅与台商的投资与产业合作的导向明显相关,而且也显示出,在国际产业分工中,台湾主要是借助与大陆之间的产业合作以实现优势互补,从而提升其在国际分工中的地位和竞争力。

二、台商高科技产业运作模式分析

现阶段，随着经济全球化和区域一体化趋势的进一步发展，世界范围内出现若干"IT世界工厂"，即IT产业的制造中心。从目前全球经济发展的态势看，由于高科技产业发展与传统产业相比有着较大的差异性，高科技产业尤其是IT产业的发展过程，已经呈现出制造中心与产业中心、消费中心、科技创新中心的分离趋势，因此，"世界工厂"并不意味着某一经济体整体制造能力的提升，而是在很大意义上体现出更细致的分工或者产业发展"碎片化"。这一生产模式进一步衍化发展，就形成目前高科技产业发展模式中典型的温特尔主义模式和合同生产网络。从目前两岸在长江三角洲地区的产业合作情势分析，上述模式具有较为典型的意义，且与台商的产业发展特征紧密相关。

（一）温特尔主义模式

20世纪90年代后期，以微软和英特尔相互结合产生了新的生产模式——温特尔主义（WINTELISM）模式。这一生产模式的核心就是微软与英特尔作为IT产业发展的两大龙头，以制定市场标准形式，不断推动产品和产业的快速升级，著名的"摩尔定律"就是在这一生产模式下出现的。温特尔主义中最引人注目的现象就是集聚效应的凸显。其基本的运行模式就是在没有确立明确标准的领域，由微软与英特尔共同建立起产业平台，以不断创新方式引领产业快速升级，以"正反馈"机制推动产业群形成"路径依赖"，并通过锁定消费群而获得报酬递增效应。而在已推出明确标准的领域，则以进入大规模产业化生产为主要模式，缩短产业生产周期，降低生产成本，并利用价格优势扩张市场，吸引客户。研发阶段的高投入与生产阶段的低成本是其与传统生产方式最大的区别。因此，在温特尔模式下，竞争的重点是标准的控制权以及对特定消费群体的强力锁定能力。对处于中下游的产业群落而言，是否能在正确的时机选择正确的产品、在短时期内实现产量最大化和成本最低化，成为企业能否成功发展、能否占据尽可能大的市场份额的关键。而台资高科技企业是运用这一模式最大的成功者与获利者之一，但也因此形成严重的"路径依赖"，进而形成以代工为主体的高科技产业发展模式。

（二）合同生产网络模式

合同生产网络模式的关键在于企业将生产的过程进行细化、分解，并以效率为指标委托给处于生产网络中的中下游企业进行生产。这一模式运行的最大价值在于使处于分工核心的企业能够集中精力于产品的开发与市场营销,而将具体生产过程以细分方式委托完成。其模式得以形成的重要条件就是形成专业化的产业集聚,即出现大批专门围绕核心企业从事专业生产的企业群。这些企业必须具备提供高度灵活的生产能力、市场适应能力以及产品延伸服务的功能,同时能够在很大程度上化解和分担因产品开发的高成本所导致的高风险。东亚产业分工网络正是在这一分工原理基础上形成的,产生这一分工模式的关键有四个:一是长期稳定的合作关系,二是灵活变通的生产方式,三是绵密细致的分工网络,四是便捷高效的物流系统。而这正是东亚产业分工网络的优势所在,也是东亚功能性一体化形成的重要基础。进入20世纪90年代之后,台湾高科技产业之所以能够在全球产业分工中占据一席之地,其关键因素就在于能够以最快的方式在合同生产网络中与跨国公司的产业链成功地进行对接、延伸和扩散。而两岸高科技产业在长三角的合作与发展也正是这一生产模式的延伸和深化,"902""1002"工厂就是这种生产模式发展的典型例证。

与台商在其他地区的投资形态比较,类似"902""1002"工厂的经营模式主要出现在大陆,显示台商基本上是将上述两种高科技产业发展模式移植到大陆,并通过与当地比较利益优势相结合来提升产业能级,增强产业与产品竞争力。

三、两岸产业合作呈现多元化形态

在两岸经贸往来日益密切的推动下,两岸产业合作关系已从两岸经贸交流初期较单一的产业间垂直分工形式转为多元化合作形式,包括以传统产业为主的产业间垂直分工、产业间水平分工,以高科技产业为主的产业内垂直分工与水平分工,合作的程度不断深化,形式也逐渐呈现多样化。在产业合作过程中,不仅是台资企业,大陆企业也开始处于上游和掌握控股权。两岸产业结构、要素禀赋、比较优势的差异决定了两岸合作将呈现出垂直分工和水平分工并存的形态,这两种分工方式在两岸各类产业合作中均存在。从产业门类来看,在以出口导向为主的高科技产业的合作中,垂直分工仍是最主要的形态;而在以内销导向为主的产业中,水平分工最为普遍。总体而言,随着大陆经济的快速发展以及两岸合作的深化，水平分工将成为两岸分工的常态。此外，两岸分工合作范围日渐扩大，逐步由制造业扩展到第一、第三产业，制造业则由劳动密集型向资本、技术密集型和知识密集型产业拓展。这种密切分工的态势成为两岸功能性一体化构建的基础。

以台湾经济发展中的支柱产业——电子信息产业为例，从20世纪90年代后期起，多家岛内知名的资讯企业就将大陆作为其开拓市场的重要目标，持续扩大在大陆的投资，并将大陆作为主要的生产基地和重要的市场。捷成、伟盟等软件公司90年代中期就已经开始在大陆合组新公司，共同加强拓展大陆软件市场。而在进入2000年之后，电子信息产业更成为台商对大陆投资的主要产业类型，2015年台湾有570家股票上市上柜的电子企业赴大陆投资，占台商对大陆投资总额的75%。台湾"中华征信所"2015年12月20日发表的《台湾250大集团企业调查》结果显示，岛内大集团企业中的85%已经赴大陆（含香港）投资，累计投资总额逾新台币3万亿元。主持此项调查的"中华征信所"总编辑刘任认为"集团企业西进大陆仍将是主流趋势"[①]。此外，已有30多家网络公司在大陆投资，台湾数位联合电信公司也与中国联通合作，在上海成立办事处，以代理经营宽频业务的方式向当地台商提供网络专线相关服务。在投资方式上，台湾不少大企业已经改变过去以设备投资为主的形式，转而通过筹组境外基金的方式投资大陆的高科技产业。例如，岛内相关创投公司结合境外法人机构，集资3.5亿美元，成立亚太科技基金，由怡和创投集团主导，进军大陆半导体、通信及网际网络等高科技产业。这种方式已经逐步成为两岸产业合作中的新趋势。

从现阶段的发展态势分析，随着大陆服务业的对外开放和两岸经济合作的深化，生产性服务业逐步成为两岸产业分工合作中新的亮点，不少台商已由注重生产加工制造和外销转为更加注重流通和服务领域，如电脑、资讯、汽车、食品等台资厂商在大陆广设据点，力求在大陆内销市场占一席之地。此外，台商将研发基地移至大陆的进程进一步加快。近几年，岛内制造业的领头企业如鸿海、英业达、神达、仁宝、大众、华邦、明基等高科技企业已在大陆设立相应的研发中心、IC设计中心及软件开发基地，并与大陆的相

---

① 台湾《工商时报》2015年12月21日。

关研究机构、大学开展合作，以进一步提升研发能力。最早在大陆设立软件开发据点的英业达公司，已聘用大陆专业人士1 000多人；台达电子将全球研发中心设在上海浦东；主要生产线集中于昆山的仁宝集团则在当地设立研发中心。

表5-3　部分台商在大陆设立的研发中心

企业名称	产业领域	区位选择	大陆合作对象	运作形态
金仁宝集团	IT产业	北京、上海	大唐电子、东方通信	新产品开发
鸿海集团	IT产业	北京、杭州	华中科技大学、武汉邮电学院	新产品开发
丰腾科技	光碟软件	杭州		设计与行销
大霸电子	IT产业	上海		产品开发
微星科技	IT产业	昆山		产品开发
研华科技	软硬件设计	北京、西安、上海等		研发
神达电脑	IT	上海	盛大网络	产品开发
第三波	软件设计	珠海		游戏软件开发
英业达集团	IT产业	北京、天津、上海	大唐电子	研发与设计
汉钟精密机械	精密机械	上海		技术支援
智邦科技	IT产业	上海		产品开发
宝成集团	IT产业	北京	中国科学院电子学研究所	研发
华邦电子	IT产业	苏州		产品开发
广达电脑	IT产业	上海		技术支援
明基电通	IT产业	南京、苏州	中电通讯	产品开发
威盛集团	IT设计	北京	北京大学	研发
义隆电子	IT产业	深圳		技术支援
统一企业	物流/食品	昆山	龟甲万（日）	产品开发
蓝点软体	软件设计	北京、深圳		设计与开发

资料来源：笔者整理。

第四节　两岸高新技术产业合作展望

高新技术产业是以高新技术为基础，从事一种或多种高新技术及其产品的研究、开发、生产和技术服务的企业集合。这种产业所拥有的关键技术往往开发难度很大，但一旦开发成功，却具有高于一般的经济效益和社会效益。因此，高新技术产业往往是知识密集、技术密集的产业。

目前，全球各国还没有关于高新技术产业的具体定义。经济合作与发展组织（OECD）将高新技术产业按照研发强度来进行定义，以研发总费用占总产值比重、直接研发经费占产值比重和直接研发占增加值比重3个指标来定义高新技术产业标准，并将其归纳为航空航天制造业、计算机与办公设备制造业、电子与通信设备制造业和医药品制造业等。该分类方法为世界大多数国家所接受。但美国商务部提出的判定标准不尽相同，它们以研发与开发强度和研发人员（包括科学家、工程师、技术工人）占比来定义，主要涉及信息技术、生物技术、新材料技术等。法国则认为只有当一种新产品使用标准生产线生产，具有高素质的劳动队伍，拥有一定的市场且已形成新分支产业时，才能称其为高新技术产业。中国大陆的高新技术标准由国家科技部颁布，主要是以产业的技术密集度和复杂程度作为衡量标准，但目前还没有关于高新技术产业的明确定义。根据2002年7月国家统计局印发的《高技术产业统计分类目录的通知》，中国大陆高技术产业的统计范围包括航天航空器制造业、电子及通信设备制造业、电子计算机及办公设备制造业、医药制造业和医疗设备及仪器仪表制造业等行业。[①] 台湾地区没有明确的高新技术产业的定义，但一般认为半导体、IT、通信、电子精密制造等产业属于高新技术的产业范畴。

一、两岸高科技产业发展比较

（一）大陆高科技产业发展的背景分析

大陆一直对技术创新投入极大关注，一直强调"创新驱动就是创新成为

---

① 《国家统计局关于印发高技术产业统计分类目录的通知》（国统字〔2002〕33号）。

引领发展的第一动力""是国家命运所系""是世界大势所趋"和"发展形势所迫",①因此一直在大力推动科技创新和高新技术产业发展。

早在2006年,国务院就发布了《国家中长期科学和技术发展规划纲要(2006—2020年)》(以下简称《纲要》),旨在促进中国大陆科学技术创新发展,促进国防事业、环境保护事业和高新技术产业创新发展,重点聚焦装备制造业和信息产业核心技术、农业科技、能源开发、节能技术和清洁能源技术等领域,并提出到2020年,全社会研究开发投入占国内生产总值的比重提高到2.5%以上,力争科技进步贡献率达到60%以上,对外技术依存度降低到30%以下,本国人发明专利年度授权量和国际科学论文被引用数均进入世界前5位。②

随后,围绕《纲要》,中国先后出台了一系列支持政策。2016年5月发布《国家创新驱动发展战略纲要》,明确提出了"三步走"的目标,即"到2020年进入创新型国家行列,基本建成中国特色国家创新体系,有力支撑全面建成小康社会目标的实现",其中"若干重点产业进入全球价值链中高端,成长起一批具有国际竞争力的创新型企业和产业集群。科技进步贡献率提高到60%以上,知识密集型服务业增加值占国内生产总值的20%","研究与试验发展经费支出占国内生产总值比重达到2.5%"。"到2030年跻身创新型国家前列,发展驱动力实现根本转换,经济社会发展水平和国际竞争力大幅提升,为建成经济强国和共同富裕社会奠定坚实基础",研究与试验发展经费支出占国内生产总值比重达到2.8%。到2050年建成世界科技创新强国,成为世界主要科学中心和创新高地,为建成富强民主文明和谐的社会主义现代化国家、实现中华民族伟大复兴的中国梦提供强大支撑。③

(二) 台湾地区高新技术产业发展的背景分析

20世纪80年代,中国台湾地区人均GDP达到中高收入水平,逐渐面

---

① 《国家创新驱动发展战略纲要》,科技部网站:http://www.most.gov.cn/。
② 《国家中长期科学和技术发展规划纲要(2006—2020年)》,科技部网站:http://www.most.gov.cn/。
③ 《国家创新驱动发展战略纲要》,科技部网站:http://www.most.gov.cn/。

临经济转型压力。境外转型经济体经验显示，当追赶指数（人均 GDP/美国人均 GDP）进入 10%—20% 区间时，将逐渐面临结构转型升级的压力。一个显著的特征是，经济增速将从高增长区间向中低增长区间自然回落。台湾地区在 70 年代中后期开始进入这一区间。根据世界银行国家（地区）发展水平标准划分，进入 80 年代后，台湾地区人均 GDP 突破 2 000 美元，已达到中高收入水平；80 年代中后期，台湾地区逐步开启经济结构的转型升级。①

二、两岸高新技术产业发展比较

（一）大陆高新技术产业发展现状和问题分析②

随着大陆高新技术产业逐渐由引进、模仿进入自主创新发展阶段，以及进入 21 世纪，随着加入 WTO，大陆经济更深度地嵌入全球经济发展体系中，越来越深度融入全球分工体系，高新技术产业也因此快速发展。2016 年，大陆高新技术产业主营业务收入继续增长，突破 15 万亿元，利润 1.04 万亿元，规模以上企业数 30 798 家。根据 IMF 的相关数据，2014 年中国高新技术产业增加值接近全球三成，出口接近 1/4。目前，大陆的高新技术产业呈现以下特征。

1. 产业规模快速增长，深度融入全球分工体系

近年来，大陆的高新技术产业主营业务收入增长率继续保持近年来的波动态势。截至 2016 年，大陆的高新技术产业主营业务收入继续增长，突破 15 万亿元。2016 年高新技术产业主营业务收入比上年增长 9.9%（按可比价计算），增进与上年相比下降 0.4 个百分点（见图 5-1）。但大陆的高新技术产业增速明显快于其他部门，2016 年增加值增速 10.8%，比规模以上工业快 4.8 个百分点，比制造业快 4 个百分点，高新技术产业占规模以上工业比重为 12.4%，同比提高 0.6 个百分点。

---

① 《不进则退的转型——"结构主义·转型为鉴"系列之台湾篇》，长江证券资料。
② 以下数据未做说明的均来自国家科技部网站（http://www.most.gov.cn/）中关于高新技术产业发展的相关研究报告。

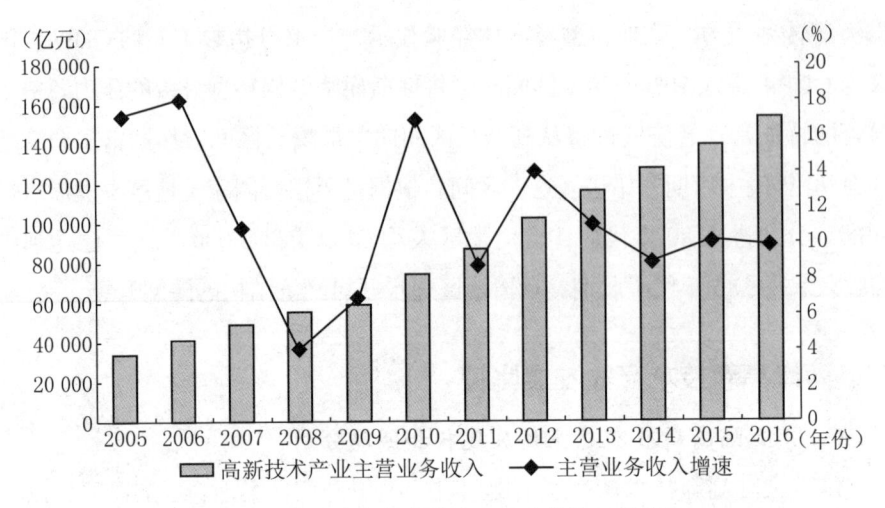

图 5-1 大陆高新技术产业主营业务收入及增速

其中，从全球情况来看，2014年，全球高新技术产业增加值总量为1.8万亿美元，中国贡献接近三成。2000—2014年，中国高新技术产业增加值增长了10倍，从约500亿美元增至约5 000亿美元。2000年，中国高新技术产业增加值仅相当于美国的1/7、日本的1/4，与德国相差不大。2014年中国高新技术产业增加值已与美国基本持平，是日本和德国的5倍[1]（见图5-2）。

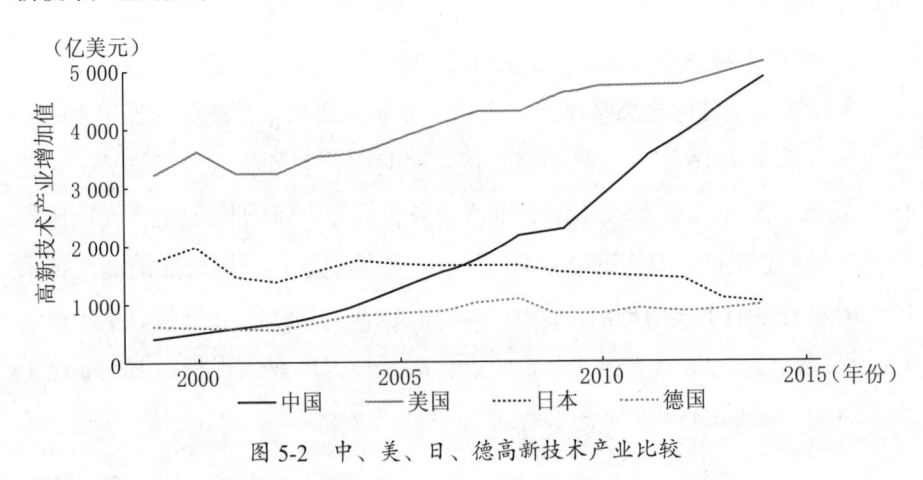

图 5-2 中、美、日、德高新技术产业比较

2. 行业规模差异明显，部分产业地理集中度高

从高新技术产业主营业务收入的行业分布看，2016年电子及通信设备

---

[1] 石光：《中国高新技术产业迎来赶超机遇》，《财经》2018年第1期。

制造业主营业务收入所占比重为56.8%，比上年提高0.8个百分点；计算机及办公设备制造业占比为12.8%，比上年下降了0.8个百分点；医药制造业主营业务收入占比为18.3%，与上年基本持平；医疗设备及仪器仪表制造业主营业务收入占比为7.6%，比上年提升了0.1个百分点；航空航天器制造业占比为2.5%，比上年略高。从产业的区域分布看，高新技术产业呈现很高的地理集中度。南部、东部地区高新技术产业主营业务收入占全国的比重达到70.3%，特别是广东、江苏两省，占全国的比重达到了44.5%。

从各行业的地区分布看，电子计算机及办公设备制造业主要分布在东南沿海省份，广东、江苏、上海三省市在该领域的主营业务收入占全国的51.6%；电子及通信设备制造业在东南沿海省份也表现出极高的集聚度，其收入占到全国总收入的76.5%，其中仅广东、江苏两省在全国的占比即达54.5%；江苏省继续领跑医疗设备及仪器仪表制造业，占全国该行业比重的38.1%；在航空航天器制造业领域，陕西和天津表现突出，继续占据全国前两位，第3—5位依然是江苏、辽宁和四川，这5个省市占全国的比重达到65.1%；医药制造业的地区分布依然保持上年的格局，山东、江苏两省的占比分别超过16.1%和13.7%，但相对其他4个行业，其地区分布较为均衡。

3. 高新技术产业出口总量稳中有升，出口结构不断改善

总体而言，大陆的高新技术产品出口保持稳中有升趋势。2016年大陆高新技术产品贸易进出口总额为1.1万亿美元，呈现下滑态势。高新技术产品出口额为6 042亿美元，较上年下降8.0%；高技术产品进口额为5 237亿美元，比上年下降256亿美元。由于同期商品贸易下滑更加剧烈，所以高新技术产品贸易占商品贸易的比重反而上升至相对较高的30.6%，比上年提高了0.2个百分点。总体上仍然保持增长趋势（见图5-3）。

但从全球高新技术产品出口情况来看，全球高新技术产业贸易顺差主要经济体是中国大陆、日本、韩国以及中国台湾地区等亚洲经济体，逆差主要在美国和欧洲（见表5-4）。其中，中国高新技术产业贸易盈余持续增长，2011年前后达到高峰后略有回落，2014年中国高新技术产业出口约占全球的24%。亚洲6个中小经济体高新技术产业贸易顺差约为中国的3/4。日本高新技术产业贸易持续恶化，2013年开始出现逆差。欧洲恰好相反，2013年由逆差转顺差。美国始终维持大幅逆差格局，2014年逆差规模在400亿美元以上，2004年逆差一度接近千亿美元。在中国大陆高新技术产品出口中，2016年前

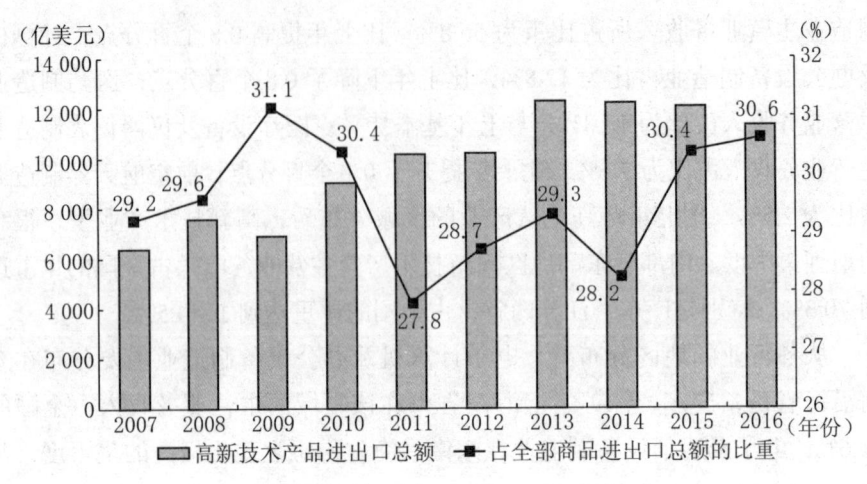

图 5-3 大陆高新技术产品出口态势

5大贸易伙伴分别是中国香港地区及美国、韩国、日本和荷兰，所占比重分别为 27.1%、18.9%、6.0%、5.6% 和 4.3%。

表5-4 各经济体高新技术产业净出口　　　　　　　　　　单位：亿美元

经济体 年份	美国	欧洲	日本	中国大陆	亚洲6个经济体
2003	−653	−140	582	178	585
2004	−921	−302	680	486	736
2005	−663	−354	584	657	820
2006	−579	−508	548	836	902
2007	−280	−532	490	700	930
2008	−365	−443	480	1 032	986
2009	−274	−310	302	826	971
2010	−541	−558	349	1 218	1 208
2011	−656	−299	283	1 461	1 135
2012	−517	−53	109	1 234	1 007
2013	−451	289	−6	1 146	935
2014	−411	184	−85	1 293	895

注：亚洲6个经济体指韩国、新加坡、马来西亚、泰国、菲律宾及中国台湾地区。下同。

资料来源：SEI（Socio-Economic-Index），《经济指标》，"中华经济研究院"发布（台湾），2016年。

中国高新技术产品技术含量也在增长，过去具备比较优势的主要是制造业中的中低技术部门。目前中国制造业总规模已居第一；高新技术产业位居第二，次于美国。与典型大国相比，中国中低技术产业、高技术产业、非制造业（服务业和农业）的优势依次递减。服务业和农业的可贸易性低于制造业，这是其效率相对较低的重要原因。2014年中国低技术、中低技术、中高技术产业占全球的份额分别是34.3%、35.4%和31.5%，都高于高技术产业份额（见表5-5）。

表5-5　2014年全球制造业不同技术部门的份额分布

地　区	高技术产业	中高技术产业	中低技术产业	低技术产业
全球增加值规模（亿美元）	17 810	38 400	37 560	37 340
中国份额（%）	27.0	31.5	35.4	34.3
欧洲份额（%）	17.0	21.2	16.7	19.3
日本份额（%）	5.0	8.8	7.4	6.0
美国份额（%）	29.0	17.1	14.0	15.2

资料来源：SEI（Socio-Economic-Index），《经济指标》，"中华经济研究院"发布（台湾），2016年。

当前中国大陆进一步具备了较强的产业配套能力和巨大的市场规模，拥有新的比较优势。中国大陆已成为全球电脑、手机等电子产品的制造中心，特别是珠三角地区产业配套完善、外贸通关便捷，对全球电子制造业具有很强的吸引力。深圳周围集聚了大量电子企业、创业人才和创投机构，任何新产品设计，一周就能完成"产品原型—产品—小批量生产"的过程，而成本要远低于美国硅谷等地。中国大陆的内需不断释放，消费升级趋势持续加强。从全球龙头企业营业收入中来自中国大陆市场的比重看，英特尔、三星、高通约为50%，苹果约为20%。①

4．中国高新技术产业总体仍处于全球价值链中低端

中国高新技术产业总体处于全球价值链的中低端环节。中国和美国高技

---

① 石光：《中国高新技术产业迎来赶超机遇》，《财经》2018年第1期。

术产业增加值目前都在 5 000 亿美元左右。为实现 5 000 亿美元增加值，中国需要 1 300 万就业人口，美国仅需 180 万。如表 5-6 所示，2014 年美国和中国高新技术产业的平均劳动生产率分别是 28.4 万美元 / 人和 3.7 万美元 / 人，美国是中国的近 8 倍；两国的全社会平均劳动生产率分别是 12.5 万美元 / 人和 1.4 万美元 / 人，美国是中国的近 9 倍。中国与美国在高新技术产业上的生产率差距略小于经济总体的差距（见表 5-6）。

表 5-6　中美高新技术产业对比

		增加值 （亿美元）	就业人数 （2014 年，百万人）	全社会平均劳动生产率 （万美元 / 人）
美　国	GDP	174 189	139	12.5
	高新技术产业	5 110	1.8	28.4
中　国	GDP	106 204	773	1.4
	高新技术产业	4 863	13	3.7

注：劳动生产率为笔者计算。

资料来源：SEI（Socio-Economic-Index），《经济指标》，"中华经济研究院"发布（台湾），2016 年，《2014 年国民经济和社会发展统计公报》。

中国高新技术产业规模的快速成长主要依靠大量劳动力要素投入支撑。2006—2013 年，中国高新技术产业就业总数翻了一番，其中增长最快的是电子通信设备（2.2 倍），其后是计算机（1.9 倍）、仪器（1.8 倍）、医药（1.7 倍），航空航天由于进入门槛高和体制所限就业增幅很小。同期，美国除了航空航天以外就业人数都在下滑，通信、计算机产业就业降幅在 25% 以上，这与美国"去制造业"的结构变化一致。2013 年，中国高新技术产业销售利润率仅为 6.2%，净利润率不到 5%。按产值计算的劳动生产率为 89.7 万元 / 人，明显低于发达国家相同指标。电子通信设备和计算机制造产业规模最大，但利润率反而最低，分别仅有 5.5% 和 3.5%，出口比重最高，分别为 47% 和 76%。这表明中国通信设备和计算机产业主要是依靠低成本优势大规模融入全球产业链，但附加值不高，创新能力不强。总体来看，中国高附加值产品出口约占总出口的一半，相当于韩国在 20 世纪 90 年代中期的水平。

（二）台湾高新技术产业发展情况

随着台湾地区的产业结构转型，其高新技术产业呈现出以下特征。

1. 以进口替代转向出口导向，快速实现工业经济追赶

20世纪50年代以来，中国台湾地区经历了"劳动驱动—资本驱动—技术驱动—创新驱动"的产业升级过程。

50年代，台湾地区施行进口替代政策，通过提高进口关税、管制进口商品、实行外汇分配等制度，抑制进口、呵护岛内产业发展。台湾地区产业、财税、贸易等政策始终以加快工业发展为核心，其经济以纺织、食品、家电等劳动驱动型产业为主，主要采取进口替代贸易政策。

60年代后，台湾开始大力实施出口替代战略，支持商品加工出口，通过"改进外汇贸易方案"，简并汇率、贬值新台币，放宽进口限制、取消进口配额、减少出口管制；还成立了高雄等3个出口加工区，并提供相应税收减免。在政策引导下，台湾进出口占岛内生产总值比重持续提升，70年代末双双超过50%，加工出口也逐渐成为台湾地区的核心产业发展模式。70年代，台湾在轻工业基础相对完备的基础上，提出加快建立重化工业体系，于1973年提出"十大"和"十二大"建设项目，大范围扩充交通和电力设施，大规模建设炼钢厂、造船厂等，并积极鼓励民间参与重化工业的投资。由是，台湾地区在80年代初期已经建立起相对完备的重化工业体系，钢铁、石化等成为经济主导产业，台湾地区达到较高工业化水平。

进入追赶阶段后，台湾经济逐渐转向资本驱动型，70年代经济以钢铁、石化、化纤、塑胶等重化工业为主，贸易政策转向出口导向型。80年代中后期，台湾地区开始向技术驱动型转型，电子、半导体等逐渐成为经济主导产业。2000年后，台湾地区试图进一步转向创新驱动型，但转型进度相对缓慢。

从产业结构上看，1970年前，台湾地区经济以纺织、食品、家电等劳动驱动型产业为主。20世纪70年代后，以化学制品、石油制品、金属工业、机器、运输工具等资本密集型行业为代表，其占制造业比重明显提升，逐渐成为台湾地区经济主导产业。

2000年以后，伴随转型深化，台湾加工出口产品逐渐向技术密集型产品集中。为了进一步提高加工出口企业集聚规模，台湾地区相继建立高雄、楠梓和台中加工出口区，并通过"加工出口区设置管理条例"等，将加工出口模式打造为自身产业特色。80年代初，台湾地区企业营收结构中，外销比

例已超过75%。伴随转型深化，台湾地区出口商品也由劳动和资本密集型，逐渐向技术密集型商品集中；80年代后，中高技术密集型商品占出口比重持续提升，低技术密集型商品占比在2000年后已低于15%。其中，80年代以来，台湾地区电子产品占直接出口比重长期保持在60%以上，现已超过70%水平，特别是通过加工出口模式培育起来的晶圆代工产业，近年来占半导体制造业产值比重持续提升，已超过85%。

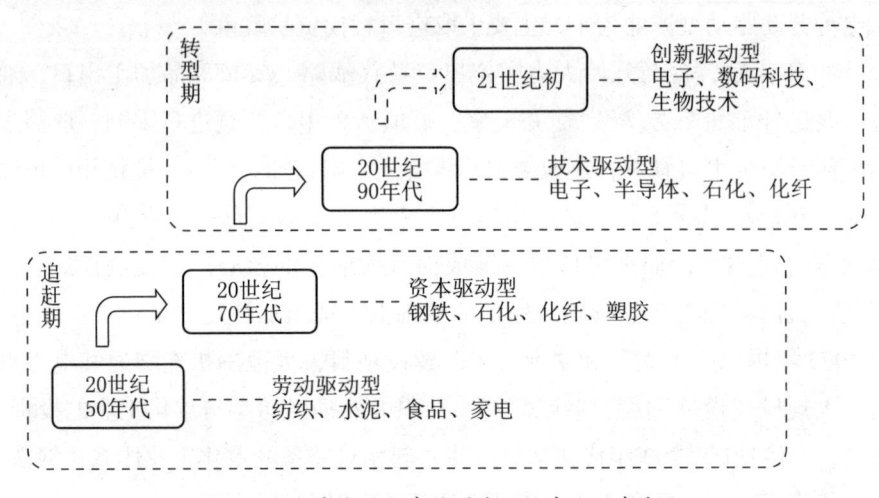

图 5-4　台湾地区经济转型阶段及产业形态变化

资料来源：长江证券研究所。

2. 目前台湾高新技术产业面临的问题

虽然台湾高新技术产业在20世纪末发展迅速，但是，进入2000年以后，出现了减缓状况，主要体现如下。

一是自主创新研发不足，向创新驱动型经济转型受制约。2000年后，由于台湾地区长期依赖外部技术和投资引进，致使技术驱动型向创新驱动型经济转型的进展比较缓慢。当前中国台湾地区研发支出占GDP比重仅刚刚达到3%水平，相比发展模式类似的经济体韩国（4%以上），差距仍在不断扩大。自主创新研发不足可能与台湾地区以中小企业为主的经济结构有关。由于台湾地区研发支出资金主要来自企业（占比在75%以上），而创新研发活动中小企业的投入力度明显弱于大企业。此外，政府对教育和人才培养投入偏弱。台湾地区教育支出占比仅由17%左右小幅提升至20%左右，远低于韩国（同期韩国由13%上升到25%），2000年后台湾地区教育占GDP比重趋于回落，由 3% 左右下滑至 2% 左右。

二是产业结构单一、新兴产业培育不足。台湾地区产业结构过分单一、高度集中于电子产业，影响产业结构的全面深化转型。转型以来，台湾地区集中发展电子产业，依托加工出口模式，顺利转型成为技术驱动型经济，这也使得台湾地区产业结构和出口结构均高度集中于电子产业。例如，2017 年商品出口结构中，电气机械占比高达 36.8%，除化学品（占比 11.3%）和通信录音器材（占比 5.6%）外，其余商品占比均不足 4%。制造业结构中也有类似特征。事实上，台湾也曾试图发展其他支柱产业，例如 80 年代的汽车，90 年代的航空航天、医疗保健等，但均告失败，只有电子产业实现了大规模发展，而其他产业培育均明显不足。

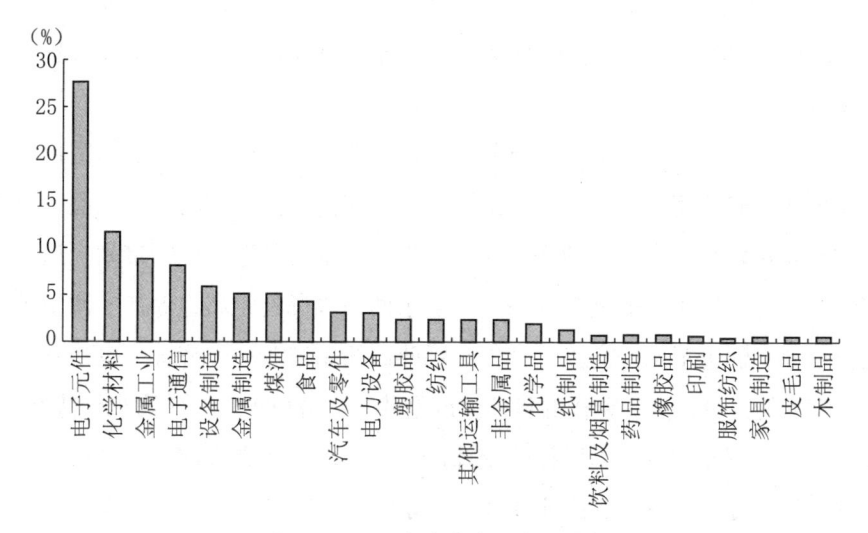

图 5-5　2016 年台湾地区出口结构

产业转型的持续放缓，对台湾地区经济增长和产业竞争力也形成明显拖累。转型以来，台湾地区经济增长中枢逐渐回落至 5% 以下的中低速区间；近年来，向创新驱动型经济升级始终未实现突破，台湾地区产业转型节奏放缓，进一步拖累经济增速。2003 年后，韩国人均 GDP 一举超越中国台湾地区，且近年来差距不断趋于扩大。与此同时，转型放缓也使其产业竞争力受到一定影响，近年来在半导体等多个传统优势领域，台湾地区正在逐渐丧失全球领先竞争力，韩国已实现加速赶超，台湾地区经济亟待开启"二次转型"。

三、两岸高新技术产业合作的路径分析[①]

目前,两岸高新技术产业发展都面临进一步转型升级的问题。对大陆高新技术产业而言,随着各国各地区对高新技术产业的竞争日趋激烈,大陆面临立足自主创新、扬长补短、不断缩小与发达地区的技术差距的难题。这方面要充分发挥市场规模和产业配套优势,营造良好的产业发展环境,鼓励企业创新;同时,要抓住技术更替和经济周期低谷带来的赶超机遇,加强对国际先进技术的引进吸收。而台湾地区的高新技术产业,也面临不进则退的压力。因此,两岸完全有必要加强协作,共同实现高新技术产业的转型发展。为此,笔者认为,可以从以下几个方面入手开展高新技术产业方面的合作。

(一)台湾地区要从战略视角出发,认识到两岸高新技术产业合作的重要性和必要性

近年来,两岸关系出现了新的反复,产业合作有所放缓,特别是台湾当局应该从战略角度认识到两岸经济合作不仅仅能提高双方的经济利益,更重要的是其对两岸交流的带动作用,为两岸人民福祉创造条件和带来机遇。事实上,正是两岸密切的经济往来,拉近了两岸人民的距离,保持了两岸关系的紧密性,促进了两岸交流、合作。因此,两岸产业和经济合作也是基于两岸一家人的考量,两岸合作的目标应该是共同利益最大化,[②]力求优势互补、互利双赢、利益共享,紧紧抓住全球产业发展新态势和大陆经济发展的重大机遇,共同提升中华民族产业在全球的竞争力。[③]

(二)选择好产业定位,由局部突破带动全面发展

两岸在高新技术产业方面的合作要长远考虑,竞争全球的整体利益,要按照各自功能进行分工与合作,打造的产业应是国际领先、具有国际竞争力的。在许多高新技术产业领域,台湾具有先进的技术和强大的创新能力,大陆有庞大的制造能力、完善的产业体系和巨大的市场潜力,两岸这些领域的

---

① 唐永红:《新形势下两岸经济关系发展前景展望》,《统一论坛》2016 年第 5 期。
② 李保民:《两岸产业合作的新趋势》,《华夏经纬》2013 年 12 月。
③ 王媛媛:《当前两岸经济合作及产业竞合关系探析》,《亚太经济》2018 年第 2 期。

合作就能打造出国际领先的产业和国际知名的产品。因此，在选择两岸产业合作领域时，要进行前瞻性和战略性考虑，选择引领国际潮流的产业，比如3D打印、生物技术等。此外，在绿色产业合作方面，要充分发挥两岸绿色能源产业的互补优势，推动两岸绿色产业发展，带动绿色就业，制定共同标准以提升产业竞争力，引领产业发展。

（三）围绕创新链和产业链整合，形成两岸高新技术转型升级创新产业链

在创新链整合方面，应该针对全球产业链研发创新进行整合，以突破核心技术为重点，包括采用开放式的研发创新模式，借助全球资源寻求技术创新源，强化两岸研发联盟和推动产学研有机结合，通过突破两岸共同面临的低端技术瓶颈，联合组建研发平台，共同开发新技术和新产品，走协同创新发展道路，不断提升两岸研发能力。[①]在产业链整合方面，应形成产业合作联动体系。提高内部市场合作层次，鼓励共同开发核心技术，打造有自主控制能力的产业链条。两岸可取长补短，打造产业从上游到下游的完整链条，使产业链每一环节实现紧密合作和深度对接，[②]形成共同发展与合作提升的新契机和新路径，从而推动两岸产业合作的持续深化。

（刘　亮　盛九元）

[①] 郑学党、华晓红：《全球价值链视角下的两岸产业合作升级路径与策略选择》，《理论学刊》2017年第2期。

[②] 韩永辉：《全球价值链衍化与价值链导向的政策选择——兼论两岸产业的应对策略》，《台湾研究》2017年第3期。

第六章　新金融对台商投资布局的影响

随着行动通信与大数据、云端运算等科技的快速发展，非金融的科技业者逐渐利用科技将其营运触角伸入金融领域，挑战传统金融产业的地位，虽然造成了巨大的冲击，但危机也是转机，传统金融业亦感受到新金融的威力，由排斥到接受，再到开始投入新金融的怀抱。本章将讨论两岸新金融的发展与新金融对台商投资布局之影响。

第一节　关于新金融

一、新金融概念

新金融（new finance）此名词，目前在学界并未有正式的定义，它与互联网金融、金融科技、区块链技术、大数据与云端运算等均有相当程度的关联，但又不完全相同。杨丹（2013）认为新金融是指包括传统金融在内的整个金融系统所产生的新变革。相较于传统金融，新金融之所以"新"，是希望借由信息科技的快速发展，针对传统金融进行革新，甚至改变传统金融的运作方式与规则，使得传统金融遭受重大冲击，甚至未来可能打造全新的金融体系。

新金融受到重视，主要是因为阿里巴巴集团董事局主席马云，将新金融包含在其于2016年10月提出的"五新"概念中，且强调"五新"将会冲击很多行业。此"五新"即为新零售、新制造、新金融、新技术与新资源。马云认为过去的两三百年金融体系（传统金融）是"二八"理论，而未来的两三百年（新金融）应该是"八二"理论。传统金融只要支持20%的企业，即可拉动 80% 的发展，但未来的新金融必须去支持 80% 的中小企业、个性化企业。马云虽然提出新金融名词，但针对其实质的内涵并未加以详细说明。

新金融虽然受到非常热烈的讨论，但对于何谓新金融，新金融的范围与界限为何，等并未有太多的讨论。事实上新金融为一种抽象的概念，它并不以一定的具体形式表现，而是在信息科技的快速发展与互联网、大数据、云端运算、区块链的发展与应用下，资金中介与融通的管道逐渐变得多元化、便捷化，提高资金中介效率并降低成本，尤其是在小微金融上，它可以使规模小但数量庞大的用户获得更好的金融服务。

由于新金融建立在信息科技的快速创新与互联网的广泛应用基础之上，因此互联网金融是新金融的重要表现形式，但事实上其背后是金融科技（Fintech）等技术的支援。因此，新金融是一个广义的概念，其包括互联网金融上的各种形态（如 P2P 借贷、小额支付、群众募资等），而这些形态的互联网金融又会触发许多金融科技的发展（如区块链、AI 人工智能等）。新金融是与传统金融相对应的概念。它与传统金融相同，核心在于资金融通，但在普惠性、金融运作模式等均存在非常大的差别。

魏明侠、黄林（2015）认为随着互联网金融的进一步发展，将逐渐出现许多新形式的互联网金融业态，包括不同于银行卡支付的第三方支付和虚拟货币支付，不同于股票融资的众筹融资模式，不同于金融机构借贷的 P2P 信贷等。由此可见，虽然有不同的业态，但其本质仍依附在互联网金融上。

二、互联网金融

互联网金融是指利用互联网的相关技术应用到传统金融领域，使金融交易成本下降，也更加有效率。广义而言，具备互联网精神的金融业态均属于互联网金融。一般而言，金融业务主要是提供资金的融通、支付与讯息的中介，而互联网金融的出现，在资金的融通、支付与讯息中介等功能上与传统金融均有非常大的差异。

以新金融的支付业务来看，2004 年阿里巴巴集团为了解决其电子商务平台——淘宝网上金融支付安全的需要，发明了"支付宝"这个第三方支付平台。这便是一种形态的互联网金融（用于交易、支付）。而后随着支付宝的用户愈来愈庞大，所积累的资金愈来愈多，但这些资金并没有获得利息之报酬，为了活用这些资金，2013年支付宝结合天弘基金推出余额宝，开启网络理财的商务模式（投资），一时之间大陆出现众多的"宝宝"，它们吸收了许多传统商业银行的存款，但后来许多商业银行亦推出了类似的"宝宝"。互联网金融开始受到大量关注。

支付宝、余额宝着重在交易与价值储存的金融功能，之后出现的互联网金融点对点平台（P2P）式的网络借贷模式，是互联网金融中资金融通的重要发展。2014年开始大陆P2P的网贷平台大量出现，2014年11月P2P网贷行业营运中的平台达1 540家（乐天、段永朝、李犁等，2015）。如此火爆的发展，其最重要的原因之一是大陆的金融压抑与"两多两难"（即民间资金多，投资难；中小企业多，融资难）问题。P2P融资相当程度地解决了中小微与个人信用借贷的问题，也为拥有资金的人提供投资的管道。除了资金的借贷之外，商品与股权的筹资也在互联网上快速实现，群众募资（众筹）逐渐成为互联网金融重要的一部分。许多创新创业的产品与服务，透过众筹的管道，除了可以获得所需的资金，亦可测试自家产品或服务的市场接受度，还可以达到广告的目的。

在互联网金融的发展过程中，不可不提的是大数据和云计算的应用。大数据（big data）也可称为巨量资料或海量资料，是指资料量规模巨大到无法通过人工或计算机在合理时间内达到撷取、管理与处理的资料，但其重点不在于这些资料的数量有多大，大数据的重要性在于如何对这么庞大的数据资料有系统地进行分析、撷取与利用，使这些数据创造价值。如Google之用户数已突破10亿人，这些人使用Google所提供的搜寻、电子邮件、地图等服务，累积了巨量的行为信息，而Facebook之用户数亦达16亿以上，在Facebook上的留言与分享至少数兆篇，这些庞大的信息是无法以人工进行处理与运算的。由于数据过于庞大，超过了人力可以处理的能力范围，必须通过计算机的科技产品进行整理、运算与整合，方能得到有价值的信息。然而，对于Google与Facebook这些大型企业而言，也许可以自行投入信息基础设备加以运算，但若是一般小型企业，要处理这些信息所投入之成本也许不是其能力所及，于是云计算便成为一个较低成本而可以获取较高效益的选择。

阿里巴巴集团，就是将大数据与云计算运用得淋漓尽致的例子。前述的支付宝、余额宝与世界最大的购物网站——淘宝网等便是阿里巴巴的产品，通过大数据与云计算，呈现用户的信用状况，而取代原来的金融征信。除了金融征信，互联网金融理财也是以大数据分析与云计算，结合各种金融投资学的理论，辅以人工智能（Artificial Intelligence，AI）协助投资人理财的所谓"机器人理财"新金融业态。台湾的银行与证券业者，包括王道银行、中国信托、统一证券与永丰金证券等近来不约而同地积极推动机器人理财业务。虽然理财机器人目前仍难以取代真人的理财专员，且因金融市场掺杂许多非理性因素与未曾发生过的冲击，造成其预测准确度受到一定限制，目前也难获绝大多数人的信任，但其可以避免人为错误，且在信息持续增加、财务工程模型更为先进与运算能力愈来愈强大之下，其未来的发展仍然值得期待。

三、金融科技

金融科技的英文为 Financial Technology，但大多数人将它称为 Fintech，它是将金融与科技合起来的新单词。许多人将新金融简化为互联网金融，且认为 Fintech 即为互联网金融。然笔者认为新金融、互联网金融与 Fintech 虽然有非常大的关系，但其实此三个名称无论是在字义上或是概念上均存在差别。如前所述，新金融是一种抽象的概念，它利用科技与互联网的发展，使得金融中介与融通的方式多元化与便捷化，并降低金融中介的成本，提高效率，且可服务广大的小微客户，达到普惠金融的目标。而互联网金融则为新金融的一种重要的表现形式，无论是新金融或是互联网金融，其背后均为创新的金融科技所支撑。

Fintech 并非一项科技，而是只要可以促进数位金融发展的科技均可被称为 Fintech，如利用互联网打造的支付平台、P2P 借贷平台等数位金融平台，本身即为一种 Fintech，而近年来非常流行的区块链（Block Chain）亦为一种 Fintech。Fintech 并非为了科技而科技，而是为了解决传统金融商品或交易的缺点，而结合适当的科技与互联网等基础设施，形成的一种使金融交易更有效率的解决方式。较常见的科技如大数据分析、云端运算、AI 人工智能与区块链等。

以区块链为例，其起源是一个至今仍无法确认身份的人物——中本聪，他在 2008 年发表了一篇神秘论文，创造了比特币（Bitcoin），而其最基础的技术，是一个去中心化的账本系统，它是利用密码学与数学算法，不依赖第三方，通过自身分散式节点进行网络数据的存储、验证、传递和交流，而达成共识的一种技术。在此技术下，系统中的每个人都可以参与记账，在一定时间段内如果有任何数据变化，系统会评判这段时间内记账最快最好的人，把他记录的内容写入账本，并将这段时间内的账本内容发给系统内所有的其他人进行备份。这样，系统中的每个人都有了一本完整的账本，而不是只有一个中心账本，借此进行去中心化。这种方式即为区块链技术。除了区块链外，AI 也是近年来应用于金融科技的重要发展。人工智能是指该机器具有和人类类似的思考逻辑与行为模式。其发展过程包括学习（大量读取信息并判断何时使用该信息）、感知、推理（利用已知信息做出结论）、自我校正，以及如何操纵或移动物品。人工智能发展的领域包括但不限于：语音识别（Speech Recognition）、计算机视觉（Computer Vision）与专家系统（Expert Systems）。事实上，人工智能的概念早在 20 世纪 50 年代便已出现，计算机的出现相当程度上使机器拥有处理信息与分辨讯息的能力，而人们持续的渴望能让计算机拥有类似人类的智慧与思考模式，但由于当时科技尚不发达、软硬件尚无法有效支援，人工智能并未真的出现。然而，在信息科技不断的进步下，计算机处理速度愈来愈快、储存空间愈来愈大、信息量亦快速扩张，再加上图像处理与识别技术愈来愈好，人工智能开始快速发展。如今，AI 人工智能已在许多领域都有非常好的发展，包括人脸识别、大数据分析、精准营销、智慧理财、反欺诈等。

第二节　两岸在新金融领域的发展现状及趋势

如前所述，互联网金融为新金融的一种重要表现形式，而科技金融则是其背后的主要支援。因为金融相关科技众多，因此难免挂一漏万，且受限于篇幅，本节仅讨论两岸互联网金融之发展现况与趋势，以作为两岸在新金融领域中合作发展与台商投资布局之影响的重要背景。

一、大陆新金融发展现状与趋势

互联网金融发展的时期不长，但在大陆发展之速度却相当快。由于大陆原本的金融体系相对较不发达，但对于新事物与新科技的接受度非常高，且对于创新事物，政府态度相对较为宽松，采取先行先试的方式，而非一开始即进行打压，因此互联网金融与Fintech在大陆发展迅速。

以第三方支付为例，大陆的第三方支付大致由阿里巴巴所推出的支付宝开始迅速发展。支付宝的出现原本是为了淘宝网络交易安全，利用第三方担保支付的方式，设立支付宝的功能，并于2004年将之独立成为公司。在支付宝后，大陆互联网支付平台开始如雨后春笋般出现，比较知名的包括财付通、京东支付等。由于大陆许多地方地广人稀，金融机构网点不多，所以居民的存提款相对不方便。另外，大陆除了纸钞外，信用卡的使用相对不便，只能使用银联卡，且纸钞又有许多伪钞问题，因此利用手机进行行动付款相对安全也便利许多，故大陆的行动支付快速发展。

根据研究机构艾瑞咨询公布的《2017年中国第三方移动支付市场研究报告》，2010—2016年短短7年间，第三方支付的交易额由5.1万亿元人民币（以下同）快速上升至57.9万亿元，而仅2016年就增加了26.7万亿元，年成长率达85.6%。2017年第三季大陆第三方移动支付交易规模达到31.6万亿元人民币，较第二季成长16.3%，较上年同期成长100.1%。另据中国互联网络信息中心发布的《中国互联网络发展状况统计调查报告》，截至2016年12月，中国线下实体店购物时使用手机结算的比例已达50.3%。即使在四、五线城市，这一比例也分别达到43.5%和38%。

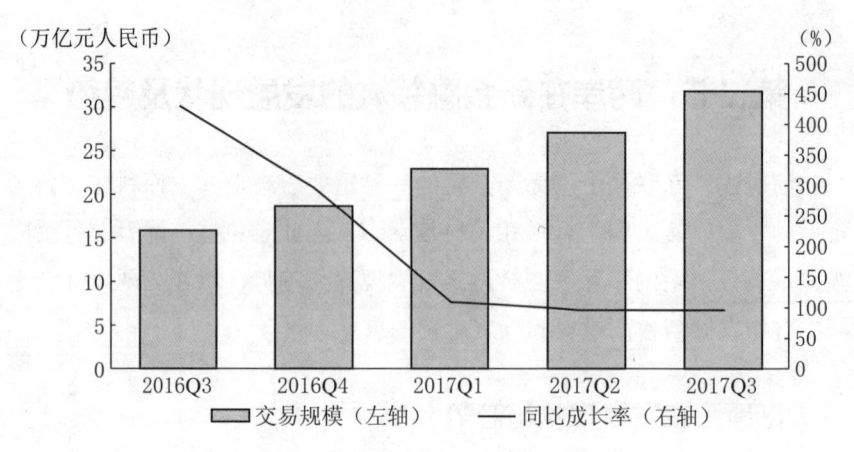

图 6-1 大陆第三方移动支付交易规模

资料来源：艾瑞咨询。

然而，大陆行动支付的快速崛起也对金融监管造成了威胁，目前第三方支付完全绕过金融监管体系，造成虚假交易、套现、非法跨境支付甚至洗钱的风险。大陆从 2017 年开始进行了一系列对第三方支付的加强监管。2017 年 8 月，中国人民银行发布《关于将非银行支付机构网络支付业务由直连模式迁移至网联平台处理的通知》，宣布第三方支付未来均须通过"非银行支付机构网络支付清算平台"（以下简称"网联平台"）进行清算，等同将所有第三方支付收编，而该公司最大的股东为中国人民银行和外汇管理局下属单位，腾讯、阿里巴巴与京东持股合计为 23.93%，仅略高于前述两家合计的 22%，且之后第 6—10 名的股东均为其他国家机构或中国人民银行的相关单位，亦即中国人民银行在网联平台上具有完全的操控地位。

表 6-1 网联清算有限公司前十大股东股权比例

序号	股东名称	股权比例(%)	背景
1	中国人民银行清算中心	12.00	中国人行直属
2	梧桐树投资平台	10.00	外汇管理局
3	财付通	9.61	腾讯
4	支付宝	9.61	阿里巴巴

（续表）

序 号	股东名称	股权比例（%）	背 景
5	网银在线	4.71	京东
6	上海黄金交易所	3.00	其他国家机构
7	银行间市场清算公司	3.00	其他国家机构
8	中国银行间市场交易协会	3.00	其他国家机构
9	中国印钞造币公司	3.00	中国人行直属
10	中国支付清算协会	3.00	中国人行直属

资料来源：中国人民银行。

除了支付之外，互联网金融的另一个应用场景为P2P借贷（Peer-to-Peer lending），它既非原先需通过银行等金融中介进行贷款的间接金融，也非透过发行证券向投资人直接募资的传统直接金融，而是在网络平台上，个体对个体的直接借贷行为，传统银行或证券公司并未参与P2P借贷，而是由网络平台作为中介。大陆由于银行的集中度相当高，且主要由国有银行主导，其对于国企与大型企业放款较为积极，但为数众多的中小微企业想在传统银行体系取得贷款相当困难。另外，大陆金融存在着"两多两难"的问题，即"中小企业多，融资难；民间资金多，投资难"，而P2P借贷的出现，除了使中小微企业与个人多了一个借贷的渠道外，投资人亦多了一个投资的渠道。

根据网贷之家的数据，2014年大陆P2P网贷成交额达2 157.4亿元人民币（以下同）；2015年为9 823.05亿元，成长355.32%；2016年为20 636.26亿元，成长110.08%；而2017年成交金额即达28 048.49亿元。

然而，互联网金融的发展虽然快速，但也衍生出许多问题与挑战。据网贷之家统计，2014年年底，平台累计数量为2 670家，2017年年底则已经增加至5 970家，其中正常运营的平台数量仅有不到一半的1 931家，其余4 039家均为有问题之平台。

2016年8月，中国银监会等多部委发布《网络借贷信息中介机构业务

（亿元人民币）

	2014年	2015年	2016年	2017年
成交额	2 528.17	9 823.05	20 636.26	28 048.49

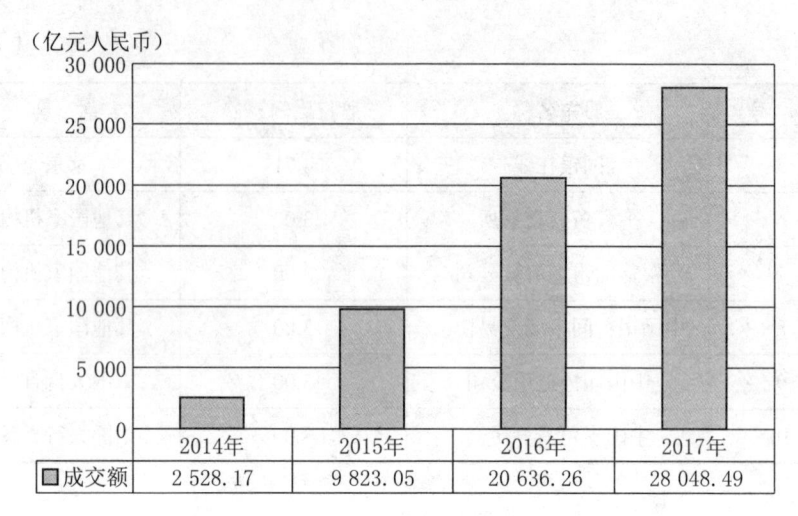

图 6-2　大陆 P2P 借贷成交金额

资料来源：网贷之家。

	2015年	2016年	2017年
累计问题平台	1 684	3 411	4 039
累计正常运营	3 437	2 466	1 931

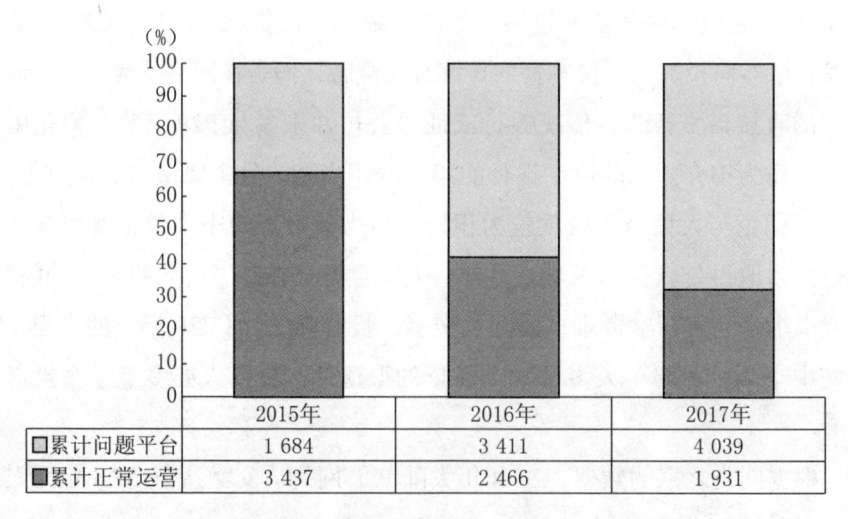

图 6-3　大陆 P2P 平台数概况

资料来源：网贷之家。

活动管理暂行办法》，正式将 P2P 网贷平台纳入监管。上述办法将网贷机构划分为合规、整改、取缔三大类。整改类机构在一定期限内整改不到位的，责令继续整改或淘汰整合，并依法予以处置；而取缔类机构则涉嫌从事非法集资等违法违规活动，需要坚决实施市场退出，政府不承担兜底责任，整改的期限为 12 个月。在经历 2016 年至今的严格监管后，许多平台已经退出市场，但仍有为数可观的平台尚待整改，亦有许多平台已经关停，甚至有大型 P2P 平台宣布退出 P2P 的市场。国务院发展中心金融所所长张承惠预期大陆 P2P 平台未来将只剩下不到原来的 5%—10%。①

在此，本章讨论互联网金融的证券业务，主要是股权众筹。由于小微企业通常不符合上市柜的相关要求，若要 IPO 上市融资，将会非常困难。股权众筹便给予这些小微企业非常好的一项选择。根据人创咨询的统计，2017 年中国共上线过众筹平台 834 家，其中正常运营 294 家，下线或转型 540 家。2017 年全年共有 76 670 个众筹项目，其中成功项目有 69 637 个，占比 90.83%；成功项目的实际融资额约为 260 亿元，比 2016 年成功项目融资额增加了 42.57 亿元，同比成长 19.58%。②

二、台湾新金融发展现状与趋势

台湾互联网金融发展的速度相对于大陆为慢，主要是因为台湾现有的传统金融体系相对发达，而使得人们对于创新的金融工具接受度不如大陆高，且当局对于金融业的创新管理较为严格，也限制了新金融的发展。以第三方支付为例，由于台湾支付工具除了现金之外，还有信用卡与悠游卡、icash 等电子票证，且因台湾地小人稠，到银行与自动提款机（ATM）取款非常方便，许多便利商店、大卖场、百货公司等地均有 ATM，只要有金融卡在手，均可便利地提领现金；即使跨行提款手续费亦非常低廉，每笔金额仅为 5 元新台币（不到 1 元人民币），而跨行转账手续费亦仅 15 元新台币，相较大陆在不同城市、不同银行跨行提款手续费 2—4 元人民币，跨行转账则依金额收取 0.05%—1% 的手续费，台湾手续费低廉许多。

另外一个原因是台湾当局推动第三方支付的态度。台湾在 2006 年开始即积极尝试使用行动支付，但由于第三方支付法规未获立法通过，因此当大陆加速发展行动支付时，台湾始终停留在主要以现金支付的阶段。2015 年

---

① 《大陆网贷市场将降低 P2P 市场率 5%—10%》，巨亨网新闻，https://news.cnyes.com/news/id/3890462。
② 《全国上线众筹平台 834 家　正常运营仅为 294 家》，华语新闻，http://www.gooread.com/article/20125735845/。

1月，台湾金融监管部门终于通过第三方支付法案，产业界开始积极布局行动支付，包括餐饮票券、交通、零售产业等，陆续开始提供顾客以行动支付。然而，相较大陆，速度仍较慢。根据台湾地区金融监管机构2016年5月公布的金融科技发展策略报告，台湾电子支付比率为26%，而到2016年年底时电子支付比率接近34%，2017年则达39.7%；台湾地区经济规划机构预估以此速度发展，2018年年底中国台湾地区行动支付将会超过50%，然而仍远低于韩国的77%和新加坡的53%，以及中国香港地区的65%、中国大陆的56%。所幸当局现在急起直追，2016年年底时，台湾地区金融监管机构提出"电子化支付比率五年倍增计划"，台湾地区行政主管部门制定"数位台湾·创新经济发展方案"，设定目标在2025年让台湾数位经济规模推升达新台币6.5万亿元、民众数位生活服务普及率达80%。2017年11月，台湾地区行政主管部门负责人在出席经济主管部门的"行动支付购物节暨行动支付联盟成立大会启动仪式"时表示，未来在当局、民间与业界共同努力下，行动支付普及率能在2025年如期达到90%。显见当局对金融科技发展的决心。

2017年上半年，当局开放三大国际行动支付（Apple Pay、Android Pay和Samsung Pay），另外台湾"中央银行"辖下的财金信息公司亦自行研发"t wallet+ 行动支付"（简称"台湾 pay"），加入行动支付市场。此外，亦有许多当地的公司开始投入行动支付，例如欧付宝、街口支付、GOMAJI pay等，预计在民众使用习惯逐渐改变，且当局持续加大鼓励的力道下，台湾行动支付的发展将有所加速。

在P2P借贷部分，台湾发展的情况亦不如大陆，主要原因也与行动支付相同，即台湾的个人信贷融资相对方便且成本较低。在个人信贷或是消费金融部分，台湾几乎每家银行均有消费金融业务，且是银行重要的业务之一。台湾民众普遍的经验是时常会接到银行的电话，推销信用贷款。而台湾所发行的信用卡本身除了有刷卡消费的功能外，亦有信用借贷的功能，在信用额度内可以刷卡消费，每月只需交最低金额，亦可以达到借贷的功能。同时，台湾中小企业融资相较大陆更为方便，因此，P2P借贷在台湾的发展需求不如大陆高，发展速度亦较为缓慢。除此之外，台湾金融监管部门对于P2P借贷发展的态度较为保守，仍然是以"不影响金融业"为考量前提，P2P借贷目前在台湾进展速度仍有限。由于台湾当局仍不允许一般企业进行放贷,故P2P平台之合法性一直受到质疑。2016年"金管会"宣布P2P并无违法,P2P平台在台湾才开始有愈来愈多业者投入。台湾目前较为著名的P2P借贷平台包括LnB信用市集、乡民贷、台湾资金交易所(TFE)、纵横互联网交易平台等。LnB信用市集是台湾第一个P2P借贷平台,于2015年10月成立,至2017年9月底已有38 424个会员,核准金额超过5亿元新台币;乡民贷则是以"金融民主化"为主要诉求,强调不需通过银行等金融中介,而进行"直接金融",如此可以避免剥削,达到借贷双赢;TFE则是一种"标会型"P2P,是以过去台湾非常流行的"互助会"方式进行融资的借贷方式,利用网络将之更有效率地运行,达到去中心化、去中介化、零边际成本效应与风险分散之结果。

关于股权众筹部分,2015年台湾当局完成"财团法人台湾证券柜台买卖中心证券商经营股权性质群众募资管理办法"的政策性文件,使台湾成为全球第7个、亚洲第2个实施股权群募制度的地区。目前较为著名的股权众筹平台包括创梦市集、第一金与元富证券。2015年10月由五大游戏公司共同成立,包含空间服务、群募平台与投资基金的创梦市集,取得第一张"非券商业者"的股权群募证券商执照,并于2015年12月30日宣布"创梦市集股权群募平台"正式上线,它是第一个由非券商成立的股权群募平台。第一金与元富证券则本身即为证券业,而跨足股权众筹业务。

整体而言,台湾互联网金融的发展均较大陆为差,主因是台湾传统金融环境较为发达,金融交易成本较低,且当局对互联网金融的态度较为保守。然而,当局亦意识到新金融的潜力与效率,开始大力推动金融科技的发展,台湾地区金融监管机构在2016年提出金融科技发展策略报告,提出"创新数位科技,打造智慧金融"的愿景,推动资通信业与金融业跨业合作,达成充分运用资通信科技,打造智慧金融机构,创新数位便民服务,强化虚拟风险控管的发展蓝图,从应用面、管理面、资源面、基础面四大面向,提出包括电子支付、区块链、身份认证、虚实整合金融服务在内的11项重要施政目标。另外,为了平衡产业发展与金融风险控管,台湾地区金融监管机构于2018年4月27日宣布金融监理沙盒起跑,将开始受理申请,也为新金融发展再创一个新的契机。

第三节　新金融对台商投资布局的影响

互联网与金融科技之发展,给未来的金融发展增添莫大的想象空间,但也对传统金融业产生了非常大的冲击。新金融是利用互联网与区块链等科技,提高金融的效率,并降低资金流通成本。它是让科技业得以进入传统金融领域业务的基石。预计未来在互联网金融与金融科技投入的资金将会非常庞大,由此创造了巨大的商机。

如前所述,互联网金融为新金融的重要表现形式,而其背后则是众多金融科技的支持,例如大数据、云计算、区块链与近来兴起的 AI 人工智能等。《美国银行家》主编庞尼引述一份由金融科技服务商 Fraedom 针对美国商业银行高阶主管所做的调查报告时指出:[①]82% 的美国商业银行在未来 3 年计划增加对金融科技的投资;86% 受访的高阶主管表示会在短期内增加金融科技的预算。而研究机构 Statista 预估:在 2018 年,美国金融科技公司收到来自各方的投资金额将会达到 47 亿美元,这些金额将会投资于区块链、AI、商业支付、消费者应用程序服务、银行科技、虚拟货币、扩增实境商务等。

台湾虽然在新金融领域上起步较为缓慢,但随着民众对于互联网金融与金融科技的接受程度日益增加,当局亦持续大力推动金融科技发展,预期台湾的新金融发展将会逐渐加速。顺应此发展趋势,台湾许多企业纷纷增加对金融科技的投资,除了传统金融业外,尚有许多一般产业投入,或是科技业与金融业之合作。例如,欧付宝与玉山银行合作,于 2013 年推出"储值支付账户系统",成为台湾第一家推出储值支付系统之第三方支付平台。

传统金融业与科技公司的合作虽然重要,但仍有相当难度,资诚联合会计师事务所针对全球金融科技进行调查,发布《2017 年全球金融科技调查》,此为资诚第二次进行之调查,也是首次将台湾受访者结果进行汇总。以下将以此报告之结果为讨论重点,分析新金融对台商投资布局之影响。在

[①]《数位时代,2018 年金融科技投资趋势大预测》,https://www.bnext.com.tw/article/48077/2018-fintech-investment-trend。

该份报告中,有68%的传统金融机构受访者预计未来3—5年内将加强与金融科技公司的合作,但由于信息科技系统与商业模式差异等挑战,在客观上两者合作仍需进一步磨合。而传统金融业者虽然也知道新金融发展趋势的重要性,但积极度似乎有待加强,在同份报告中台湾金融机构受访者有78%将会通过加强内部研发来推动创新,但却只愿意将13%的资源配置到金融科技相关项目中,低于全球受访者的15%。其主要原因可能是,台湾受访者在金融科技项目的年预期投资报酬率比其他国家或地区均低,亦较全球水平的20%低了一半以上,只有9%左右。面对全球新金融的快速发展,台湾金融业的态度似乎有点消极,虽然大多数金融业者均认为独立金融科技的冲击将导致业务流失,但愿意投入新金融领域的投资却低于全球的平均值。

若以对于新金融的关键科技投资偏好来看,台湾受访者较偏好投资科技依序为大数据分析(88%)、行动科技(42%)、人工智能(38%)、网络信息安全(33%)、区块链等分散式记账技术(33%)、机器人流程自动化(29%)、生物识别与身份管理(17%)、物联网(12%)与公共云端基础建设(4%)。由此可知,大数据、行动科技、人工智能将会是台湾未来投资比重最大的金融科技。除了台湾市场外,金融科技大幅降低了跨境交易成本,使得边界愈来愈模糊,因此在金融领域的跨地区合作亦将会是金融科技发展的未来目标。其中,两岸由于文化相同、语言相同、交易习惯也接近,在金融科技之合作应是最为合适的。过去台湾金融业在大陆的投资多属于传统金融领域,在新金融领域着墨不多。然大陆在新金融的发展相当快速,市场规模仍持续成长,台湾金融业要在大陆深耕经营,势必要切入新金融的领域。

大陆具有规模庞大、对新金融科技接受度较高、发展速度亦较快的优势,而台湾则是在高科技的软硬件均有相当优势,双方合作势必可互取所需、互补所长,推进两岸新金融正向发展。两岸应合作举办金融科技发展论坛,让两岸科技与金融业者可以相互学习,也许可以激发出更多的金融科技合作,也可使两岸民众共同享受新金融带来的好处。举例而言,目前两岸在跨境行动支付上仍较为不便,尤其是台湾民众到大陆出差或旅游时,因为大陆仅接受支付宝或微信支付,不能使用台湾的行动支付,然而,在大陆使用支付宝等行动支付必须在大陆有银行账户与手机号才能申请,对于短期在大陆出差或旅游的台湾人而言非常不方便。反之，台湾许多商店与夜市都接受大陆的支付宝、微信支付，产生了不对等的情况。两岸在行动支付方面应可以适度地进行合作，同时接受对方的行动支付，对于两岸在此部分的发展将会有所助益。

另外，随着金融科技的快速发展，金融监理势必亦将随之快速调整，传统的金融监理模式恐已无法有效对新金融起到监管的功能。以大陆为例，虽然官方对于新金融发展持正面态度，但在不断出现金融风险（包括一些P2P平台跑路、一些行动支付成为洗钱工具等）情况下，大陆亦开始收紧对互联网金融的监管。台湾目前互联网金融包括行动支付、P2P借贷与众筹等较少发生太大的风险事件。两岸在新金融监管领域上，亦可合作，大陆可以提供互联网金融发展过程中的相关风险经验，而台湾亦可提供在金融风险防控上的专业支持，例如台湾正推动的金融监理沙盒（Regulatory Sandbox）经验，亦可作为大陆在金融监管之参考。

随着新金融的业态与技术不断推陈出新，监管亦愈来愈困难，传统的监管工具效果有限，但也因AI、大数据、身份识别技术等新科技的快速发展，未来将可用于新金融监理模式，以"监管科技（Regtech）监管金融科技（Fintech）"，此部分亦可由两岸合作共同推动。如此，两岸民众均可享受便利的新金融服务，也可防止新金融引发的风险，还可带动两岸在新金融领域上的投资，达到多赢局面。

结　论

在信息科技日新月异的情况下，许多传统的经营模式势必会有很大的变化，例如无人商店取代传统商店、人工智能机器人取代传统服务人员等，而互联网金融与金融科技等，亦将会对传统的金融业造成巨大的冲击。然而，这也未尝不是一个好的发展方向，新金融大幅改变原来的金融生态，降低金融交易成本与提高效率，均将使社会大众获得好处。对传统金融业而言虽是危机，但亦是转机，其取决于传统金融业者是否能顺应潮流，积极切入新金融的投资，无论是与科技业合作或是发展自身的科技金融业务，均是化危机为转机的关键。

大陆在新金融领域上发展较台湾为快,其发展的经验应可作为台湾金融业与当局的参考;而台湾在资通信软硬件的优势,亦可以作为大陆的支援,两岸在新金融领域上可以互补、合作。

最后,新金融由于与传统金融业态有非常大的不同,且因其"新",所以会衍生出许多过去不曾发生或不曾想象的风险,台湾现在推出"金融监理沙盒"的实验制度,如同大陆的"试点"策略,可相当程度降低新金融发展的风险。因此,未来两岸在新金融监理上可相互学习,共同推动新金融的发展,降低其所造成的风险。

(吴明泽　吴中书)

第七章　两岸金融合作的回顾与展望

　　金融资本具有专属性特征，也是最易受到管制的投资项目。长期以来，在台湾当局的限制性政策制约下，两岸一直难以展开有效的交流交往，而只能通过境外分支机构开展相关业务合作，这不仅阻碍了两岸经济合作的深化，使得台湾的服务业市场难以得到有效拓展，并成为台湾经济发展与民众福祉提升的障碍，也在很大程度上影响到两岸经济一体化的进程。随着两岸金融监理备忘录和 ECFA 的签署，两岸金融的合作与交流进入新的发展阶段。但在 2016 年后，两岸金融合作的机制化建构难以维系，相关合作亦基本中断。

第一节　两岸金融合作的历程与特征

　　随着两岸经济合作的深化，长期以来，台商对于两岸金融合作的需求一直非常迫切。在这种情况下，为规避台湾方面的政策性限制，两岸金融机构通过变通方式实现了相关业务的有效合作，但始终没有实现往来的正常化。这种情况直到 2008 年后才实现有限的突破。

一、两岸金融合作的基本历程

（一）两岸金融合作的启动与进展

　　1997 年，台湾当局正式核准台湾华南银行、彰化银行等在香港有分行的金融机构可以与在香港的中资银行进行业务往来。1998 年，京华、元富、元大等证券公司在上海、北京与深圳等地设立办事处，主要从事企业兼并、海外投资经纪等业务。2000 年，大陆上海银行通过香港上海银行作为中转行，成功向台湾上海储蓄银行开出第一笔信用证，为台湾凯英热科公司及上海谊智进出口公司完成一笔进出口业务。2002年4月，上海银行向台湾亚洲化学公司在上海的第一个生产基地亚化科技（上海）公司提供900万美元的四年半期综合贷款，支持其在上海嘉定工业区的一期工程建设，同时为该企业提供"沪港台汇款直通车"、外币结算、信息咨询和公司理财等全方位金融服务。[①]2001年后，台湾十多家相关人寿保险公司获台湾"财政主管机构"核准赴大陆设立办事处，其中国泰人寿、新光人寿、富邦产物与明台产物四家保险公司已获得在大陆以合资方式开展业务的资格。2002年3月，大陆核准台湾彰化银行、世华银行在昆山、上海设立办事处。2009年，两岸正式签署"两岸金融监管合作备忘录"（MOU），这标志着两岸金融合作正式启动。目前，台湾第一银行、土地银行、彰化银行与合作金库银行、国泰世华银行五家台湾商业银行已先后在上海、苏州、昆山设立分行，标志着台湾银行可以在大陆正式经营部分人民币相关金融业务，[②]此外，还有十家台资银行，包括岛内最大的公营银行——台湾银行也提出在大陆设立分行的申请。台湾方面在继批准岛内的合作金库银行与中国银行签订《全面业务合作协议》后，又核准台湾银行与中国银行、兆丰银行与中国银行、台湾第一银行与大陆交通银行、中国银行分别签署"两岸金融监管合作备忘录"，为两岸银行之间外汇、贸易融资、联合贷款、同业拆借等实质业务合作创造了条件。

与此同时，大陆金融机构也正式入岛设立分支机构。2010年9月，台湾金融管理机构批准中国银行、交通银行在台设立办事处；10月又批准招商银行在台设立办事处，这是两岸金融尤其是银行业合作的一大突破。此后，建设银行与国家开发银行等也纷纷提出在台设立办事处的申请。

金融是经济发展的"血脉"，随着两岸金融合作的发展与深化，两岸经济一体化的进程将进一步加快。

（二）两岸金融合作的方式与路径

随着两岸社会、经济、贸易、文化往来联系的日益密切，因贸易、投资、民间交流所产生的押汇、结算、汇兑和信用证等业务日益庞大，而两岸特殊政治关系所导致的严格的金融政策限制则给两岸金融往来带来极大的不

---

① 《上海银行开通对台贷款"直通车"》，《人民日报》2002年3月12日。
② 《台资银行抢滩长三角》，《新华每日电讯》2010年12月18日。

便。2000年以来，在两岸共同的努力下，两岸货币通汇的环境逐步得到改善，截至2012年，两岸已初步建构起货币清算机制，但现阶段主要还是针对个人以消费为目的的货币兑换行为，对于两岸企业以投资、贸易为目标的货币清算、结算活动，仍然缺乏清晰明了的解决框架和机制化的合作路径。

众所周知，自20世纪80年代末期起，两岸的贸易始终保持高速增长，并逐步从"民间、单向、间接"进入"双向、直接、机制化"的发展阶段。根据商务部统计，2010年两岸贸易额为1 453.7亿美元，台湾从大陆进口近300亿美元；台商在大陆的投资总额超过1 000亿美元，大陆赴台直接投资业呈现出日益扩展的格局。但需要指出的是，由于两岸无法实现货币的直接兑换，厂商均须以美元报价，再转换为人民币或新台币，其间甚多交易仅涉及双方，与第三者无关，导致汇兑成本高企，且须承受多重换汇手续、避险负担或汇损之风险，徒增两岸厂商的经营成本，不利于大陆台资企业的转型升级。从微观角度看，这种结算方式会明显导致企业面临汇率风险、增加汇兑成本；从宏观角度看，两岸均面临着外汇储备的"美元化"和缺乏国际商品定价权。

随着国际金融危机的深化，国际经济格局面临重大调整，以美欧为主的发达经济体的经济状况极度低迷，从而严重削弱了现有世界主要货币（美元、欧元）作为结算货币的优势，进而使得改革国际货币体系的呼声日益高涨。与此同时，随着大陆经济规模的扩大和实力的提升，人民币跨境交易的范围日益扩大，目前，大陆已经与全球16个经济体签署了货币互换协议。[①]在这一背景下，开展两岸货币的直接兑换，甚至探讨进一步的货币合作已经成为两岸业界和民众的共同期待。事实上，基于多边形式的货币清算方式已经严重阻碍了两岸经济合作的深化：一方面，两岸银行难以进一步提升收付款的时效，从而增加了企业的成本并影响资金周转率；另一方面，大陆银行收兑的新台币不能及时清算，占用了银行资金，影响了资金的收益和开展业务的动力。从上海世博会期间开展的新台币—人民币现钞直接兑换业务情况

---

① 16个经济体：土耳其、阿拉伯联合酋长国、泰国、韩国、哈萨克斯坦、冰岛、蒙古、乌兹别克斯坦、新西兰、新加坡、阿根廷、印度尼西亚、白俄罗斯、马来西亚、巴基斯坦，以及中国香港地区，合计金额达到13 362亿元人民币。

看，除中国银行、交通银行因交易量大而扩大业务外，其他银行因成本高、业务单一仅维持而已。此外，人民币与新台币民间汇兑的大量需求，导致的直接后果就是地下金融的盛行，给两岸地下钱庄之间进行"地下通汇"以可乘之机，扰乱了两岸正常的金融秩序。据香港金融主管机构的相关资料统计，由于无法实现直接兑换，目前两岸通过地下钱庄等方式进行非法通汇的金额达到每年 700 亿元人民币，不仅严重扰乱正常的金融秩序，而且也增加了企业的经营成本与风险。

（三）ECFA 签署后的金融合作的进展与瓶颈

在 ECFA 签署后，两岸经济合作虽已由"民间、单向、间接"的方式进入"直接、双向、机制化"的阶段，逐步实现经济合作向正常化、规范化、制度化的方向发展。但从实际情况看，其中尚存在不少需要解决的问题，主要包括以下四方面：一是作为 WTO 的两个成员方，两岸需要解决由于相互开放的不对称而导致的贸易结构的不均衡问题（并非单纯的两岸巨额贸易逆差问题），逐步实现真正的双向经济互动，达到更合理的配置要素，提升经济效率。二是在考虑彼此关切与权衡双方实际经济规模、市场容量的基础上，以推动完善机制化经济合作为目标，寻求适应实际发展需要的两岸经济整合模式，同时在兼顾"效率与公平"的前提下，合力解决区域、产业发展不均衡的问题，降低合作中的负面影响，切实落实"以民为本"的承诺。三是进一步强化两岸金融与货币合作，以更好地应对国际经济与金融环境不稳定所带来的冲击和影响，避免经济的动荡与剧烈波动，巩固两岸经济合作的成效，充分发挥两岸经济合作的整体效应。四是在强化机制化合作的实践中，通过经济整合与政治互信的强化，更好地探索两岸共同参与东亚区域经济一体化进程的路径与方式，以进一步凸显两岸合作的实际效应，全面提升两岸在国际经济分工中的地位，在区域经济一体化加快的过程中发挥更积极的作用。在这一过程中，金融合作的深化将是进一步提升两岸经济合作层次、密切两岸经济往来的重要基础。

（四）与"两岸货币清算合作备忘录"的签署为两岸金融合作的深化提供条件

2009 年两岸在签署"两岸金融监管合作备忘录"的基础上，继续深化金融业的交流与合作，为金融市场准入创造了条件。在此基础上，两岸银行、证券及期货、保险业监管合作备忘录的相继签署，标志着两岸金融监管机构将据此建立起监管合作机制，预示着两岸金融合作将进入实质性阶段，有利于促进两岸金融业的优势互补和共同发展，有利于进一步优化大陆台资企业的融资环境。但这一文件的签署，并未改变两岸货币的直接兑换问题。按照相关规定，在当时情况下，新台币和人民币双向兑换机制主要针对小额的、个人汇兑需求，每人每天兑换额不超过等值5 000美元，年度总额每人不超过等值5万美元。这不仅阻碍了两岸直接通汇与大额资金往来，也不利于两岸以各自货币进行贸易结算以及更深层次的金融、经济合作框架。

2012年8月，两岸签署货币清算合作备忘录。一般而言，货币清算就是指两个经济体之间通过中央银行或指定的外汇银行，通过各自的货币来进行贸易结算，或进行货币清算。签署"货币清算合作备忘录"事实上就是通过正式协议的方式确认双方可以各自的货币开展相应的清算业务。从两岸已签署的协议内容看，主要包括以下四方面：两岸各自同意指定一家银行办理货币的结算与清算服务；两岸货币可用于支付彼此间经贸活动（贸易、投资、借贷等）；对于双方货币清算行的管理规范，如讯息交换、业务检查及风险处置等方面；两岸货币管理机构后续的合作及联系事宜。协议的签署标志着长期以来民众所期盼的两岸货币清算机制基本形成，今后两岸间直接通汇将更加便利，不必再绕道香港以离岸业务为主的境外金融业务（OBU）方式进行，而可以直接通过境内金融业务（DBU）开展通汇业务，将极大地便利两岸间的贸易与投资。

两岸金融合作与货币清算机制的建构已经起步，尽管从规模上和范围上看总量不会很大，整体影响有限，但从推动两岸金融及经济合作进一步深化的角度看，这一协议的签署却有着重要而积极的意义。

第一，有助于改善两岸经济交流结构。由于长期以来，两岸贸易清算与结算必须以美元作为中间货币，且须绕道香港进行，不仅增加汇兑的成本，也使得企业不得不面临汇率的风险，在金融危机的大背景下，这种成本的增加成为企业尤其是中小企业"不可承受之重"；同时，这种不合理的贸易结算方式，也在很大程度上影响两岸企业间投资、贸易等的延伸与发展，阻碍了以品牌建构为核心的两岸产业合作深化。随着协议的签署和两岸直接通汇的实现，两岸经济交流的结构可望进一步优化。

第二，促进双向的投资步伐。目前，台商在大陆的发展逐步转向以内销及与大陆企业合作为主，投资形态也向上、中、下游产业联合投资，形成集团化方向发展；而大陆企业赴台投资则方兴未艾，协议的签署，尤其是开放以本币进行贸易和投资，将更进一步推动和增强这个趋势。

第三，推进两岸金融业务的透明化。随着两岸经济往来的热络和贸易金额的持续扩大，实际金融需求已达到巨量的规模，但由于两岸金融往来长期无法进行正常的直接业务往来而只能通过OBU进行，其直接后果之一就是地下金融业务（如地下钱庄的汇兑业务）畸形繁荣，严重影响经贸的正常发展。随着两岸银行分支机构的互设和货币清算合作备忘录的签署，可以有效减少这种非正常的金融往来，增强金融的透明度，提升经济合作的水平与层次。

第四，助推两岸金融合作层次的提升。金融资本具有专属性特征，是最易受到管制的投资项目。长期以来，在台湾当局的限制性政策制约下，两岸一直难以展开有效的交流交往，而只能通过海外分支机构开展相关业务合作，这不仅阻碍了两岸经济合作的深化，使得台湾的服务业市场难以得到有效拓展，并成为台湾经济发展与民众福祉提升的障碍，也在很大程度上影响两岸经济发展的进程。2009年两岸签署金融监管备忘录、2012年签署货币清算合作备忘录，标志着两岸金融合作正式启动。目前，台湾有十家商业银行已先后在大陆设立分行，两家大陆银行在台湾设立分行，两岸银行间已经签署二十多项合作备忘录，为两岸间的外汇、贸易融资、联合贷款、同业拆借等实质业务合作创造更有利的条件，并助推金融合作层次的进一步提升。

二、两岸金融合作的特征

需要指出的是，由于两岸的金融管理体制有所差异，因此现阶段金融合作遇到的主要问题基本集中在政策限制方面，既包括两岸需要共同面对和解决的问题，如由于货币发行具有主权的性质，且人民币处于相对强势地位，其中所包含的政治风险与金融风险难以回避，因此，新台币与人民币的直接兑换要达到与港币相同的水准有较大的难度；两岸金融的相互开放具有明显的不对等性等。也包括两岸各自相关管理规定的制约方面，如大陆严格的外汇管制措施压缩了台资银行业务扩展的空间，而台湾对大陆银行参股台资金融机构的规定过于严苛（单一金融机构入股台资银行股份不能超过5%）也影响到两岸合作的拓展；等等。这些问题的存在会在一定程度上对两岸经济合作的进一步深化产生影响，亟待两岸在金融合作的深化过程中着力加以解决。上述问题的解决仍需依循"先易后难、循序渐进"的基本路径，在对等不对称的原则下，根据两岸的实际情况逐步克服与解决这些困难和障碍。事实上，两岸货币清算合作备忘录的签署，已经在很大程度上体现了这一特点，诸如两岸银行业务开发的不对称性和双轨制、银行分支机构开放的不均衡等，显示两岸在政治互信不断强化的基础上，有决心、有意愿也有能力化解分歧，全面推进两岸经济合作的进程。

对台湾而言，两岸每年贸易总额已超过 1 500 亿美元。根据相关模型计算（章和杰等，2012 年），若以人民币进行结算，两岸企业可减少超过 30 亿美元（包括 20 亿美元的外汇成本和 10 亿美元的汇率成本）的汇兑成本，而开放两岸贸易采用人民币结算，不只协助企业规避汇兑风险，省掉避险、保值等额外费用，也有利于银行业扩大经营规模、扩展资金来源和增加获利，因而岛内产业界对两岸金融合作的需求愈显迫切。对两岸而言，还有需要进行一系列的法规调整，包括尽快确立两岸货币清算的实施细则，明确两岸金融机构的监管方式，进一步提升两岸金融主管机构定期协商机制的功能等。上述事宜在现阶段情况下有一定的难度。而为消除岛内对金融安全与稳定的疑虑，开放初期可以考虑的方式是选择局部进行金融创新合作试点。长期而言，大陆需要通过深化两岸金融合作以促进两岸经济一体化。而台湾要发展成为亚太筹资中心或区域金融中心，也需要进一步开放市场，以便更好地借助人民币的国际化进程，发展成为境外人民币中心，助推经济的稳定发展。这就为两岸金融合作的深化以及在局部开展合作试点提供了现实的基础与保障。

第二节　两岸金融合作深化与发展的理论支撑与现实需求

一、签署货币清算合作备忘录后人民币流动趋向的理论分析

（一）两岸贸易结算中呈现以人民币为主的货币流向

从理论上看，在货币清算合作备忘录签署后，在两岸贸易结算中将呈现以人民币为主的货币流向。这主要是基于以下原因：从经济发展的实践看，

国际贸易用以进行结算的货币通常由买卖双方共同商定，可供选择的货币包括进口方货币、出口方货币及第三方货币。从理论上讲，结算货币的选择可基于以下三方面的原因。

首先，基于市场份额的选择。一般而言，贸易结算货币的选择往往由经贸交往中较为强大一方货币主导，特别是占有较大市场份额的一方，这主要有两方面的原因：一是占有较大市场份额一方的企业在贸易货币的选择上有较大的话语权，而且会倾向于选择本币作为结算单位以回避风险；二是大规模的贸易会产生巨大的外汇交易，而市场份额较大一方的货币往往自然就成为结算市场的主要货币，其本币作为结算货币的渗透性会不断增强。全球经贸发展的理论与实践均证明市场份额是影响货币选择的主要因素之一。

其次，基于产品结构的选择。贸易产品的差异化决定了进口方对产品价格的需求弹性，当差异化程度较低时，价格需求的弹性较高，在市场竞争日趋激烈的情况下，出口方在贸易结算方面往往缺乏足够的优势，其本币也难以成为结算货币；反之，当双方的差异较大时，则价格的需求弹性较低，出口方可以通过其掌握的定价权优势使本币处于较为有利的地位。

再次，基于货币成本的选择。从经济利益上看，企业的最终目标是取得更大的利润，因而获得与储备货币的成本对于企业的结算货币确定有重要的影响。由于从贸易合同的签署到实际的交割之间存在着时间差，因此结算货币的汇率稳定性决定着选择该货币的风险与成本，直接影响到企业的利润取得。

（二）两岸经贸结构影响贸易结算货币的选择

与此同时，两岸经贸结构的特殊性在很大程度上影响两岸对于贸易结算货币的选择，这主要体现在以下三方面。

首先，两岸贸易目前建立在以欧美为最终产品消费市场的基础上，但大陆内需市场的比重正逐步提升。

其次，产业内贸易是两岸经贸往来的主要特征。两岸经贸交往是建立在资源与要素互补基础上的，初期大陆向台湾出口包括农产品在内的初级产品，台湾对大陆出口主要是工业制成品和相关设备；但随着经贸合作的深化，工业品成为两岸进出口产品的主要类别，其中台湾对大陆出口的最大宗商品是电子电机与机械产品，而大陆出口到台湾的产品也主要是机械与电子电机产品，显示两岸的贸易结构基本趋向一致，贸易结构进一步向产业内贸易方向深化，并逐步形成以技术密集型产品为主的产业内贸易特征，且大陆的主导性逐步增强。

表 7-1 两岸主要贸易产品的结构分类（2017年）

产品技术结构类别	两岸贸易产品类别	产品比重（%）
大宗初级产品	矿产品	1.16
低技术密集型产品	纺织品、基本金属制品、塑料制品	20.33
中高技术密集型产品	化学品、机电产品、运输设备、资通信产品、电子产品等	72.26

资料来源：笔者根据两岸统计资料整理。

再次，人民币具有明显的成本优势。2008年以来，国际经济持续低迷，尤其是欧美货币走弱趋势明显。其间尽管美元出现过几次小幅升值，但这主要源于全球金融的"避险"选择与对美国经济复苏的预期，但长期而言，美元走贬趋势难以逆转。这种情况的出现有两大因素：一是由于美国高科技产业全球竞争优势的减弱，二是美国国际收支的持续恶化。相比而言，中国大陆经济发展态势持续向好，一方面经济结构与增长模式逐步优化；另一方面贸易顺差的不断扩大、外汇储备规模日增，助推人民币升值的预期。美元走弱与人民币的走强为两岸贸易结算货币的选择提供了一个强有力的选项。

上述理论基础和两岸经贸实践均显示出，在两岸贸易结算中将呈现出以人民币为主的态势，在这一情势下，很可能出现人民币的单向流动格局，因此，如何处理好这一规模不断扩大的境外人民币资产将成为两岸经贸关系中日渐凸显的问题。因而在昆山花桥开展的与此相关的金融创新合作试点就具有了更加重要的意义。

二、两岸金融合作的效应分析

（一）宏观效应分析

首先，深化两地金融合作。2010年后，随着ECFA后续协商的推进以及两岸经济合作的进一步深化，两岸金融合作的进程正加快进行，货币清算已成为当前两岸金融合作的重点。2012年8月31日，两岸签署货币清算合作备忘录，为两岸贸易与投资往来提供极大的便利性，在两岸金融合作进程中迈出了重要而坚实的一步。

其次，推进人民币国际化建设。从理论上讲，中国目前正分三阶段推进人民币国际化：第一阶段是在与周边国家的贸易中提高人民币结算比重的"周边化"；第二阶段是推进人民币成为亚洲地区主要结算手段的"地区化"；第三阶段是在国际贸易中与美元和欧元竞争的"国际化"。现阶段，人民币国际化还停留在第一阶段，距离第三阶段尚远。三星经济研究所指出："人民币要想成为国际货币，需要资本交易的自由化与成熟的市场经济体制，但这要对整个社会体系进行改革才能实现，因此完全实现人民币国际化将需要20—30年。"而进一步强化大陆与港澳台地区人民币结算与清算机制，不仅有助于加强大中华经济圈之间的经济联系，也会深化人民币的国际化进程。

从发展趋势看，人民币国际化战略的推进将对东亚区域经济合作格局产生重大影响。目前，人民币存款占香港整体存款市场的9%—10%，占澳门的12%，而在台湾尽管已有超过3 000亿元人民币的存量（依据台湾地区货币政策主管机关估算），但还无法进行存贷业务。由此可见，两岸间的人民币流量及人民币在台湾的存量还有巨大的提升空间。两岸间若能充分利用合作的优势与机遇，积极开展金融合作，有效利用合理的金融工具克服相关瓶颈，将会更好地推动人民币国际化的进程。

再次，促进两岸经济融合发展。两岸经济交往与合作，经历了数量从无到有、规模从小到大、范围由点到面、领域由浅入深的发展过程，而这也正是两岸关系逐步发展、两岸经济合作的性质与定位日益明确的过程。在区域一体化的大背景下，两岸经济合作渐趋紧密，双方通过要素禀赋、比较利益优势的互补，实现双赢，并形成机制化的合作形态。这里所指的机制化合作形态的雏形，是指在市场机制推动下，以经济的高度密切互动为基础，而不依赖于协定或组织保证的经济体之间整体经济关系的强化。机制化合作形态的发展来自市场机制自发的内在要求，代表了经济合作的实质性内容。随着两岸经济合作的发展，加强两岸机制化的合作已成为深化两岸经济合作的必然选择。而两岸经济合作框架协议的签署则为两岸经济机制化合作的建构与发展提供了有效途径。

国际贸易中结算货币的选择实质上是核心竞争力的选择。在两岸货币结算中进一步巩固和提升人民币的地位，不仅仰赖总体经济规模的扩张，更在于科技创新能力的提升。因此，在两岸金融合作中，大陆提升人民币强势地位本身就是与经济发展方式的转变与产业结构的调整相关联。从现阶段情况看，尽管人民币目前在台湾仍不能实现直接兑换，但随着大陆经济实力的日益增强，人民币在周边区域已逐渐成为强势货币，人民币国际化趋势已成必然。一旦在两岸推行人民币与新台币的计价结算，将进一步扩大两岸货币"跨岸"流通量，促使人民币在台湾的兑换及流通早日合规化，从而进一步提高人民币的国际地位。与台币相比，人民币的强势地位不言而喻，因此，推动实现新台币与人民币的直接兑换，可以更有效地将台湾经济与大陆经济连接起来，达成两岸经济相互促进、共同发展的目标。

（二）微观效应分析

首先，降低两岸企业交易成本。改革开放后台资企业的进入，有力推动了大陆地方经济的发展，在与内地企业共同生长的基础上，推进企业转型与升级。由于人民币与新台币之间必须通过美元结算而产生较高的汇兑费用，据相关学者估算，汇兑结算成本已经高达总额的1%（根据计算，如在两岸贸易中采取新台币—美元直接兑换方式，则可以节省约30亿美元的交易费用），这不仅加大了企业的经营成本，而且降低了企业的竞争力，不利于两岸经济合作深化。其中所包含的庞大的汇总成本和巨大汇兑风险在一定程度上已经成为影响两岸经济合作深化的主要外部效应。因此，实行两岸货币直接兑换具有重大意义。

其次，推进企业转型升级。调整经济结构，转变发展方式，是当前昆山经济发展与产业结构调整的重心。调结构转方式是一项系统工程，要加快这项工作的进程，金融转型发展必须先行。从发展角度看，如果将前20年昆山经济发展称作工业化阶段，那么，现阶段提出转变发展方式的要求就意味着经济发展转入后工业化或者称作知识经济的时代。在这个发展阶段，经济发展动力主要来源于制度和科技创新的能力。但先前的金融服务体系和发展模式，主要是从服务于工业化大投入、大发展之中形成的。在这样的模式下，金融服务存在一系列的制约性因素，包括行政化色彩较重，资金向大项目、重点工程集中，银行对小企业贷款偏好资产抵押。这些问题的存在使得金融服务难以满足促进新型经济发展模式的要求。

近几年来，针对中小企业融资难问题，尽管各商业银行作了许多创新探索，如各大银行都专门设立了中小企业融资服务部，也创新了许多产品，但总体上仍难以适应企业的实际发展要求。例如，科技产业发展，不仅其资产以专利、版权等知识产权为主，而且其经营模式、商业模式乃至盈利模式都与传统的企业运作模式不一样。在这种新的商业模式下，企业的资产权属关系、现金回流渠道都有可能变得环节更加多元，流程更为复杂。台湾银行在为中小企业提供服务、支持风险投资等方面具有丰富的经验，从这个意义上讲，在昆山开展以支持企业转型升级为主要目标的两岸金融合作创新试点，有着积极的意义和示范效应。

再次，有助于强化对台资的金融监管。民间或市场自发推动的两种货币的直接兑换早已存在，市场自发行为的后果使我们无法从正常渠道获得比较全面准确的统计数据，因而无法直接评估两岸货币交往的真实状况。一个不争的事实是，两岸之间存在着巨大的"地下资金流"，这种状况不仅不利于金融监管，且易导致各种衍生的问题（包括逃税等）。因此，在两岸贸易中推行以新台币—人民币为结算货币，有助于缓解或减少产生这一问题的可能性。台湾是大陆最大的贸易逆差来源地，并且逆差额呈递增趋势，推行以新台币—人民币为两岸贸易的结算货币，一方面可大大节省双方的换汇成本，另一方面也有利于人民币进入台湾的流通领域，扩大人民币在台湾的影响力，从而增强台湾与大陆的经济互动及对两岸经济相互促进、共同发展的认同。

（三）外部效应

首先，深化两岸经济合作。从全球经济走向及两岸经济合作趋势看，ECFA 为两岸提供了进一步合作发展的新机遇。其背后最重要的支撑在于大陆的内需市场将实现具有划时代意义的伸展，逐步由"世界工厂"迈入"世界工厂与世界市场并列"的新阶段。大陆消费市场的巨大发展潜力，工业化和城市化进程的加快所形成的巨大的利益空间，将为两岸经济合作开辟全新的天地。如果说两岸以往的经济合作是一种面向国际市场的"外向型"的经济合作，那未来的合作则更多的是立足于两岸市场、兼顾内外的模式。这对台湾企业、台湾经济乃至两岸而言都是全新的发展挑战，不仅有助于实现产业结构升级、自主创新以及品牌与渠道的建构，而且可以切实向价值链的高端发展。从这一角度看，在经济一体化形成的过程中，金融合作是必须的保障与准备，两者相辅相成又相互制约。

例如，对外贸易是两岸经济发展与产业合作深化的主要推动力，汇率变化对两岸贸易与投资有着明显而直接的影响，汇率的波动与变化不仅会影响两岸资源配置的效率，也会影响区域一体化发展的收益，制约投资与贸易的发展。因此，在两岸制度性建构过程中，必须强化金融合作。在建立两岸货币清算机制等基础上，除进一步通过金融市场的开放、鼓励两岸金融机构相互设点、开展直接金融业务外，还可以从以下方面入手，深化两岸金融合作，为建立货币联盟奠定基础，以推动一体化的进一步发展，具体包括如下手段。

一是建立外汇合作机制。由于两岸经济发展中的对外贸易比重高，且每年均有巨额贸易顺差，合计两岸外汇储备已超过3万亿美元，再加上两岸对外经贸联系紧密，因此，可以考虑建立两岸换汇与合作机制，并利用闲置的外汇设立共同的两岸外汇稳定基金，既保障外汇安全，稳定金融市场，同时也为金融合作的深化累积经验。二是共同成立发展基金。由于两岸均面临着产业结构调整与转变经济增长方式的挑战，大量基础设施建设也在规划进行之中，因此，可以考虑由两岸相关银行、企业集团参与，筹设发展基金，共同用于两岸大型公共基础设施建设和新兴产业的发展，如台湾的"爱台十二项建设"和大陆的重大公共工程建设，以及两岸均着力推动的新能源产业等，从而有效整合两岸的金融资源，提升金融合作层次与水平，建构两岸共同的利益，为深化合作提供保障。而上述金融合作的发展，均需要在两岸进一步互信的基础上加以构建，因此，选择合适地点开展相关的金融合作创新试点就显得尤为迫切。

其次，扩大人民币的影响力。这有利于加强人民币的强势作用，利于人民币国际化，抑制美元的国际结算强势地位。人民币的国际化步伐才刚刚起步，距离成为像美元一样的国际通用货币还有一段很长的路要走。在全球外汇交易中，人民币结算比重仅占0.15%，远远低于美元（42.5%）和欧元（19.5%）。从现实的发展情况看，随着以人民币为计价单位的贸易结算方式的推进，人民币的国际化进程有所加快，人民币贸易结算规模从2011年第一季度的 184 亿元人民币增加到 2012 年第一季度的 3 603 亿元人民币，短短一年内增加了 18.6 倍。汇丰银行预测，未来 3—5 年内人民币贸易结算每年将增加 13 万亿元人民币，人民币将成为继美元和欧元后的世界第三大通用货币。在这一过程中，借助与台湾在金融领域的合作，包括开展外贸的本币结算、推进两岸货币的双向流动、拓展境外人民币业务等，不仅有助于进一步深化两岸经济合作，巩固中国在东亚地区合作中的领导作用，也将在很大程度上助推人民币的国际化进程。

三、两岸货币直接兑换效应的量化分析

目前两岸之间的货币结算政策对于两岸经济将会产生两种作用：一种是直接影响作用，主要是指多边货币结算方式对于国际收支的直接影响，包括汇兑成本、汇兑风险，以及由汇兑成本和汇兑风险带来的其他经济成本；另一种是间接作用，主要是由直接影响带来的其他方面的连带影响，包括贸易壁垒、贸易内容、贸易方式、投资意愿等方面。

两岸货币多边结算方式的直接影响包括国际收支的两部分，一是经常项目，二是资本项目。影响包括两种因素，一是汇兑成本，二是汇率风险。无论是经常项目，还是资本项目，汇兑成本较为容易测算，主要是货币往来进行兑换时产生的手续费用。至于汇率风险，比较难以测算，因为汇率关系到国际金融市场上货币价值的波动，而且在两岸贸易的背景下，汇率风险包括了三种货币的波动，相比普通的国际贸易，两岸国际收支中的汇率风险具有放大效应。

前文提到两岸货币直接兑换对于降低企业交易成本的作用，下面就通过汇兑成本和汇率风险对这一作用进行一个量化估计。

（一）汇兑成本计算

汇兑成本的计算可以根据银行间对多边结算时产生的汇兑费用进行测算，依照测算比例与国际收入额进行相乘计算而得。模型如下：

$$TC_M = (I_M + X_M) \times \rho_M \quad (1)$$

$$TC_T = (I_T + X_T) \times \rho_T \quad (2)$$

其中，TC：汇兑成本；I：投资；X：进口；M 表示大陆；T 表示台湾。

ρ_M：人民币兑换成新台币的费用率；

ρ_T：新台币兑换成人民币的费用率。

原始数据及测算结果如表 7-2 所示：

表 7-2　汇兑成本测算　　　　　　　　　　　　　单位：亿美元

	大陆 2012 年	大陆 2011 年
I_M 大陆对台湾投资	52.3	131
X_M 大陆对台湾进口	585.2	1 249.2
I_T 台湾对大陆投资	16.2	21.8
X_T 台湾对大陆进口	165	351.1
$\rho_{MT}=\rho_{MU}+\rho_{UT}-\rho_M$ 节省费率	1%	1%
$\rho_{TM}=\rho_{TU}+\rho_{UM}-\rho_T$ 节省费率	1%	1%
$STC_M=(I_M+X_M)\times\rho_{MT}$ 节省成本	6.375	13.802
$STC_T=(I_T+X_T)\times\rho_{TM}$ 节省成本	1.812	3.729

数据来源：2012 年上半年 I_M 来自"科技产业资讯室"网站，http://cdnet.stpi.org.tw/techroom/policy/2012/policy_12_032.htm；2011 年 I_M 来自"去台湾"网站，http://www.qutaiwan.com.cn/taiwanmaoyi/xinwen/2012/0122/14184.html；其他来自商务部网站，http://www.mofcom.gov.cn/static/column/tongjiziliao/fuwzn/diaoca.html/1。

因此，据模型估测，如果开展人民币—新台币的直接汇兑，基于 2011 年的数据，每年将为大陆节省大约 13.802 亿美元的汇兑成本，为台湾每年节省大约 3.729 亿美元的汇兑成本。从 2012 年上半年的情况来看，与该数据基本相符。随着大陆和台湾贸易往来的开放，以及经济的逐渐复苏，这个数字还将进一步提升。根据往年的增速，并考虑经济危机的影响，预估未来几年，节约的汇兑成本将以 6%—10% 的速度增长。

（二）汇率风险

由于风险是不确定性的概称，只要存在货币价格的波动，就存在汇率风险，即使两岸改变目前多边货币结算的模式，实行直接的双边结算方式，对于企业来讲，仍然存在汇率变动的风险。但是在目前多边货币结算的背景下，由于多边货币结算拉长了交易的周期，而且使得结算手续更为复杂，加上原有货币价格的波动，实际增大了汇率风险。

多边货币结算模式带来汇率风险引发额外增加的成本，实际是由风险带来的损失，对于这部分成本的估算，我们可以采取两种方法来度量：

方法一：汇率标准差 std

标准差能够体现数据在一段时期内的波动幅度，可以据此计算得到汇率波动的平均风险成本。

方法二：在险价值 VAR

我们可以采用 VAR（Value at Risk）的方法进行测算。具体方法为：

（1）分别计算美元/新台币、美元/人民币汇率涨跌幅的均值 mean、标准差 std 和相关系数 cor；

（2）假设汇率涨跌幅符合正态分布，根据计算得出的均值 mean 和标准差 std，对美元/新台币、美元/人民币随机模拟 1 000 个汇率数据，分别得到其模拟值美元/新台币模拟汇率 Z_1、美元/人民币模拟汇率 Z_2；

（3）利用计算得出的相关系数，在 Z_2 中剔除与 Z_1 的共同变动因素得到最终模拟数据 X_2，公式为 $X_2 = Z_1 \times \text{cor} + Z_2 \times \sqrt{1-\text{cor}^2}$；

（4）假设置信水平为 $a\%$，升序排列下，在 Z_1、X_2 中找出位列第前 $a\%$ 的数据作为 VAR 值。

此处利用 2012 年 1 月 1 日—8 月 13 日的美元/新台币、美元/人民币汇率涨跌幅共 194 个数据计算汇率风险。数据的统计特征如表 7-3 所示：

表 7-3　汇率数据统计特征

	美元/新台币	美元/人民币
均值 mean	−0.004 8%	0.004 7%
标准差 std	0.285 7%	0.104 6%
相关系数 cor	0.108 7	

汇率数据来源：ForexPros 网站，http：//cn.forexpros.com/currencies/usd-twd-historical-data，http：//cn.forexpros.com/currencies/usd-cny-historical-data。

数据和估测结果如表 7-4 所示：

表 7-4　两种方法下汇率风险测算　　　　　　　　　单位：亿美元

	美元/新台币 UT	美元/人民币 UM
std	0.285 7%	0.104 6%
VAR	−0.501 8%	−0.165 3%
	2012 年上半年	2011 年
I_M 大陆对台湾投资	52.3	131
X_M 大陆对台湾进口	585.2	1 249.2
I_T 台湾对大陆投资	16.2	21.8
X_T 台湾对大陆进口	165	351.1
$Cstd_M = (I_M + X_M) \times (std_{UT} + std_{UM})$ 方法一得到的为大陆节约的风险成本	2.488	5.387
$Cstd_T = (I_T + X_T) \times (std_{UT} + std_{UM})$ 方法一得到的为台湾节约的风险成本	0.707	1.456
$CVAR_M = (I_M + X_M) \times (VAR_{UT} + VAR_{UM})$ 方法二得到的为大陆节约的成本	4.253	9.207
$CVAR_T = (I_T + X_T) \times (VAR_{UT} + VAR_{UM})$ 方法二得到的为台湾节约的成本	1.209	2.488

结果显示，基于 2011 年的数据，在 5% 的置信水平上，美元与人民币之间兑换所存在的汇率风险的 VAR 为 0.165 3% 乘以交易额，美元与新台币之间兑换所存在的汇率风险的 VAR 为 0.501 8% 乘以交易额。根据大陆与台湾的贸易投资情况，可以估测得到每年间接兑换的汇率风险在险价值 VAR 大约为 11.695 亿美元，其中大陆 9.207 亿美元、台湾 2.488 亿美元。类似的，以 std 值代替相应的 VAR 值可以计算得到汇率风险给大陆带来的成本为 5.387 亿美元，给台湾带来的成本为 1.456 亿美元，共计 6.843 亿美元。

相比 VAR 方法，std 方法所得估计值较小。究其原因，std 代表的是一段时期内的平均波动，而 VAR 则表示在满足该 std 的正态分布进行 1 000 次模拟时，95% 的情况下达到的最大损失水平。VAR 方法比 std 更具有预测性，但前提假设也更多，此处我们采用 VAR 方法，std 方法仅供参考。

综合汇兑成本、汇率风险两个模型的测算，如果实行人民币和新台币的直接汇兑，基于2011年的数据，每年可以为大陆节约汇兑成本和风险成本23.009亿美元（13.802亿美元汇兑成本+9.207亿美元汇率风险），为台湾节约6.217亿美元（3.729亿美元汇兑成本+2.488亿美元汇率风险），共计29.226亿美元。

当然，这仅仅是实行直接汇兑的直接作用。同时，由于汇兑成本和风险的显著下降，两岸间通商的交易成本也会随之降低，潜在的成本贸易壁垒被削弱，在贸易的内容和方式上将获得更大的发挥空间和灵活性，一些低成本的商品也将有机会参与进出口，两岸企业的投资意愿也将随之提高。这些间接作用将进一步提高两岸的贸易量，那么实行直接汇兑所节约的成本也将进一步提高，从而形成一个共赢的良性循环。

首先，两岸金融合作的进程不断加快，双方金融主管当局的定期会晤与沟通机制初步形成，从而为金融合作的深化与发展提供了有力的保障。

表7-5 两岸金融合作路线

1988年	大陆通过中国银行开办新台币兑入业务
2004年1月	中国银行福建省分行作为唯一新台币兑出业务试点银行，正式在福州、厦门、泉州、漳州、莆田5地试办非贸易项下的新台币现钞兑出业务，台湾地区允许台湾民众携带最多6000元人民币
2004年3月	台湾地区允许台湾民众携带最多6000元人民币入岛，不准金融机构进行兑换
2004年7月	台湾地区试点开放金门试办人民币兑换政策
2005年10月	台湾地区开放金门、马祖地区金融机构试办新台币与人民币兑换业务
2008年6月	台湾地区通过修订"两岸人民关系条例"，开放人民币在台湾地区定点兑换，明确初期只开放一般民众在台湾兑换人民币，每次兑换金额以2万元为限，公司、法人户暂不在开放之列
2010年6月	两岸两会签署海峡两岸金融监管备忘录，随后，中国银行、交通银行、工商银行等与台湾相关银行签署一系列备忘录，为两岸银行间合作奠定基础
2012年8月	"两岸两会"签署海峡两岸货币清算合作备忘录，为两岸货币直接兑换奠定基础，在此基础上，为两岸贸易、投资与人员往来提供了直接的金融往来支持
2012年12月	两岸分别指定由中国银行台北分行与台湾银行上海分行为清算行，两岸货币直接兑换进程正式启动

资料来源：笔者根据相关资料整理。

其次，2012 年后台湾提出的"两岸特色金融"方案逐步成型，包括尝试发行台湾 T 股（具有大陆背景的台资和具有海外背景的大陆企业在台湾证交所上市，初步仍以新台币为结算单位）、以人民币计价的债券等产品、以人民币计价的金融衍生产品等。这一方面显示出台湾利用两岸货币实现清算的有利时机加快开发相关人民币产品的积极姿态，另一方面也使台湾力图发展成为另一个境外人民币中心的规划显露无遗。而大陆也希望在服务业尤其是金融领域的对台合作方面有所进展，并有效推进人民币的国际化进程。双方的合作意愿的交集为开展两岸金融创新合作提供了有利契机。然而，令人遗憾的是，由于 ECFA 框架下的"服贸协议"未能生效，导致两岸服务业的全面合作中止。2016 年，两岸机制化协商全面中断，两岸金融合作与发展也就难以取得新的进展。

再次，大陆正积极开展相关的金融开放试点，在对台金融合作方面，包括前海特区（主要是立足珠三角，形成金融对外开放的试点）、温州金融改革试验区（试点推进民间金融机构的发展）、泉州的金融服务实体经济综合改革试验区（立足海西，形成针对台、港、澳侨等境外资本的筹资中心），据此，目前尚缺乏立足台商最大积聚区——长三角，以试点开展金融创新合作推进台资企业转型升级的两岸金融合作试验区。而昆山在这方面具有特殊的优势，完全可以结合"两岸产业合作深化试验区"的建设形成试点，①并在宏观政策和微观基础方面得到有力支撑。2018 年 2 月 28 日，国台办与发改委会同 29 个部门出台《关于促进两岸经济文化交流合作的若干措施》（简称"31 条"），尝试以进一步的市场开放推动两岸经济合作的深化，这从另一层面为台湾金融业在大陆的发展提供新的途径。

第三节　两岸金融合作的进展与趋势分析

从台湾金融业发展历程上看，台湾金融体系发展的变迁可分为 5 个时期，分别为金融初期 ②、金融管制期（1961 年）、金融开放期（1989 年）、金融整合期（2001 年）和境外拓展期（2009 年）。

---

① 2013 年 2 月 18 日，国务院正式批复，同意设立"昆山深化两岸产业合作试验区。"
② "金融初期"是指 20 世纪 50 年代台湾当局货币政策调整前的金融发展阶段。

两岸金融市场开放与合作起步较晚，但2009年后随着国民党上任，两岸各方面关系开始迅速回暖，台湾和大陆的金融合作也走上新的台阶。在国民党在任时期台湾才有较大政策开放，两岸金融合作取得了重要进展，不仅台湾银行、保险机构纷纷进入大陆，大陆银行也正式在台设立分支机构，两岸货币清算业务取得突破性发展。

一、两岸金融合作的进展

从20世纪90年代中期开始，两岸金融合作进入快车道。随着两岸经贸关系的提升，金融合作也得以深化。

（一）国民党在任时期宏观政策背景

国民党行政主管部门将促进金融业发展作为重要的产业政策之一，提出打造台湾为"亚太资产管理与筹资中心"，并着重强化岛内的金融市场结构，包括：金融法规采负面表列，鼓励创新；推动微型创业贷款、强化中小企业融资；全面检讨"二次金改"。有关扩大市场范围举措包括：促成两岸金融监理机制运作；协助金融业以更有利条件进入并开拓大陆市场；开放人民币挂牌兑换；放宽投资含陆股成分之有价证券。提升国际化程度的措施包括：放宽陆资投资岛内股市，制订"资产管理中心发展条例"，吸引财富回流，鼓励境外金融机构来台设立区域总部等。

为了配合促进岛内金融业发展的产业政策，台湾地区行政管理机构也制定了相关政策，保证相关目标能够顺利实现。台湾地区行政管理机构于2009年10月选定未来岛内十项重点服务业，并将金融业纳入。台湾地区金融监管机构规划"高科技及创新产业筹资平台行动计划"，制定未来台湾岛内上市上柜公司的数量和上市上柜公司在岛内筹资总额的目标。台湾地区金融监管机构还指出，将善用岛内资本市场具有的利基，包括科技产业供应链完整、资本市场流动性佳，尤其科技产业所占比重超过一半以上，加上台湾的创新能力等，创新产业将形成一个良好的发展平台。

（二）台湾金融业整体发展现状

台湾金融业的产值占GDP比重，在1992年之后一直维持在7%以上，2008年受到金融危机的影响后，目前产值在6%—7%，是台湾除电子业外的第二大产业。2016年，台湾金融保险业占GDP比重为4.51%，金融辅助业占GDP比重为2.58%，证券期货占GDP比重为0.46%，保险业占GDP比重为1.46%，金融行业从业人数超过40万人，占就业人数的4%以上。

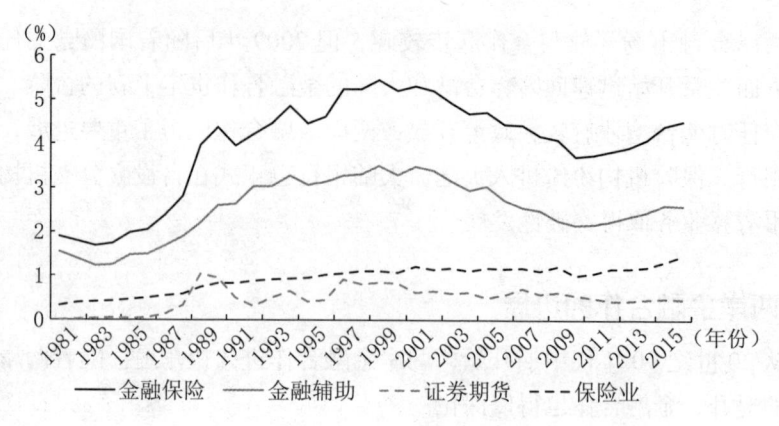

图 7-1 台湾金融产业各项占 GDP 比重

数据来源：WIND 数据库。

台湾岛内普遍认为，金融保险业一般被（如经合组织）认为是知识密集型服务业，能创造较高的附加价值，若能引导台湾金融服务业持续发展知识密集专业服务能力，对经济发展具有相当帮助。

金融体系以商业银行为主导，系因台湾市场狭小，中小企业数目众多，注定间接金融不能大幅度发展，因此当前台湾间接金融和直接金融比是1:4左右。截至 2015 年 6 月，台湾股票市场上市上柜公司总数达到了 862 家，其上市上柜公司的总市值达到了 271 350 亿元新台币。

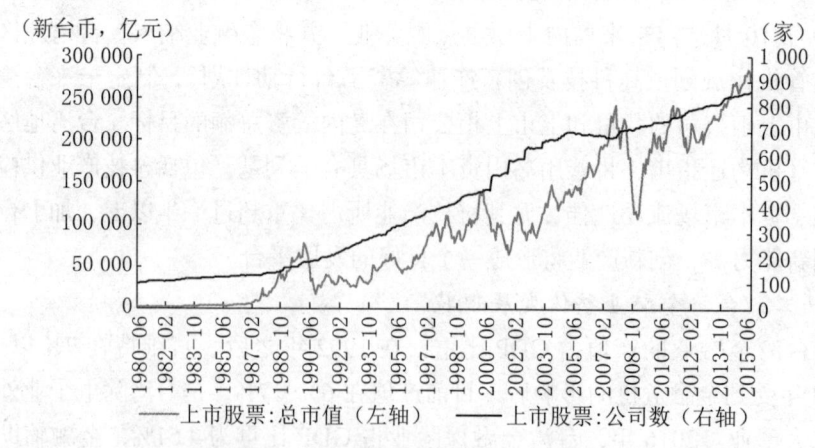

图 7-2 台湾上市上柜股票、公司情况

数据来源：WIND 数据库。

二、台湾金融业的发展状况

(一) 台湾银行业发展状况

20世纪80年代,在西方国家"金融自由化"思想的影响下,台湾地区开始推进金融自由化与国际化改革。在1985年召开台湾地区"经济改革会议"确定解禁新银行设立以及1989年修订所谓"银行法"后,新银行如雨后春笋般成立。截至2015年3月,台湾地区共有39家本土银行(其中36家为民营银行),其中既有资产市占率超过10%的台湾银行,也有资产市占率仅有0.1%的民营瑞兴银行。[①] 台湾岛内银行分支机构2010年6月底计3 317家,较2001年年底的3 005家增加312家(平均每年增加三四十家)。截至2015年年底,台湾岛内银行分支机构已经接近4 000家。

表7-6 台湾银行业经营情况一览

年份	平均资产 (新台币)	平均净值 (新台币)	资产报酬率 (ROA)(%)	净值报酬率 (ROE)(%)
2002	219 189.32	15 095.81	−0.48	−6.93
2003	229 189.60	14 324.12	0.22	3.52
2004	246 230.47	15 082.23	0.63	10.30
2005	261 902.82	16 360.73	0.30	4.81
2006	272 085.92	17 062.92	−0.03	−0.43
2007	276 824.95	17 550.04	0.14	2.21
2008	283 461.47	17 964.45	0.16	2.47
2009	297 970.18	18 670.71	0.28	4.49
2010	317 416.97	20 128.51	0.58	9.10
2011	336 698.81	21 441.32	0.59	9.33
2012	354 378.40	23 076.16	0.68	10.41
2013	376 764.10	25 115.24	0.68	10.26
2014	404 225.78	27 477.00	0.79	11.65
2015	428 359.12	30 211.67	0.75	10.58
2016	444 254.87	32 483.40	0.68	9.24

数据来源:笔者根据台湾地区金融监管机构银行局统计数据整理而得。

[①] 盛九元、吴信坤、朱辉:《基于因子分析法的台湾地区本土银行经营绩效评价》,《世界经济研究》2015年第8期。

回顾近十多年台湾地区银行整体经营绩效，2002年及2006年分别因大幅打消呆账及双卡风暴影响，绩效为负；但在2007年以后，台湾地区银行获利能力逐渐回升，2010年6月底，台湾地区银行ROA与ROE分别达0.58%与9.10%，而2015年台湾地区银行ROA与ROE分别达0.75%与10.58%。从统计数据可以看到，2011—2016年平均ROA与ROE、2005—2010年平均ROA与ROE以及2001—2005年平均ROA与ROE，显示银行业获利能力近年来有着巨大的提升。这一方面得益于岛内银行业重视经营绩效管理，拓展了银行业的盈利空间和水平；另一方面海峡两岸关系在此期间得到巨大改善，大陆的广阔市场为台湾银行业的发展提供了更多机会。

国民党在任期间，台湾银行在大陆投资布局发展迅速，为后续盈利和成长打下了坚实的基础。尽管民进党重新上台后台湾银行业大陆投资步伐放慢，但台湾银行业在大陆的业务与盈利仍出现大幅增长。依据台湾地区金融监管机构的统计，台湾银行业大陆分行获利在2014年曾达到36.2亿元新台币，随后两年因人民币汇率波动与银行坏账有所增加，获利大幅下降，2016年只有6.3亿元新台币。然而，2017年，由于大陆经济景气、企业融资需求增加、台资银行坏账减少，带动大陆银行分行业务扩张，获利大幅增加，一举达到42.3亿元新台币，较上年增加六七倍，远高于台湾银行整体获利（税前盈余为3 059.2亿元新台币）2%的增长率。其中，台湾银行业在岛内各分行的获利只有1 947.5亿元，年下降6.1%。[1]

国民党在任期间，两岸货币清算业务得到巨大发展。2013年2月，台湾地区人民币清算业务正式上路。中国银行台北分行是台湾地区人民币业务清算行，大大方便了两岸金融往来与人民币交易。据中国银行台北分行资料，2013年2月6日—2017年12月底，中行台北分行办理人民币清算业务148万笔，清算交易金额18万亿元人民币，其中两岸跨境人民币清算76万笔1万亿元人民币，在两岸之间运送人民币现钞94亿元，为台湾银行业的发展提供了巨大的动力。[2] 由于台湾开放人民币业务，台湾银行机构均开始

---

[1] 王建民：《两岸金融往来合作低调前行台湾金融机构大陆获利创新高》，中国台湾网，2018年2月23日，https://baijiahao.baidu.com/s?id=1593154562589255141&wfr=spider&for=pc。
[2] 柴逸扉：《一架金桥通两岸——人民币清算业务在台开办五周年》，《人民日报》（海外版）2018年2月7日。

开设人民币账户，民众可以存储人民币，使用人民币汇款，购买人民币金融理财产品。台湾地区人民币市场迅速扩大，到 2017 年 12 月底，台湾地区人民币存款余额达到 3 223 亿元人民币，人民币存款余额在台湾外币存款中仅次于美元，升居第二位。①

（二）台湾保险业发展状况

台湾地区保险业整体数量近年大致维持稳定状况。根据最新的统计数据，台湾地区共有保险公司 57 家，这其中拥有产险公司 23 家、寿险公司 31 家、再保险公司 3 家。此外，也有相当数量的境外保险公司进入台湾市场，目前境外寿险公司 5 家、境外产险公司 6 家。②2016 年保险业从业人员 370 476 人，比 2015 年增加 5.49%，台湾金融业中保险业从业人员占 87%，保险从业人员占台湾总人口约 1.57%。2016 年台湾地区的总保费收入位列全球第 10 位，达 1 014.45 亿美元。

近些年台湾保险市场仍然保持高度发达的状态，尤其体现在保险深度上，2016 年台湾地区的保险深度为 19.99%，居世界各经济体第一位。而同期美国的保险深度为 7.31%，全球各经济体保险深度平均值为 6.28%。从分类来看，台湾地区保险深度高主要体现在寿险上，台湾地区寿险深度约为 16.65%，居世界各经济体第一。美国为 3.02%，全球各经济体平均为 3.47%。台湾地区产险深度为 3.34%。美国为 4.29%。全球各经济体平均为 2.81%。③

就具体保险类别来看，台湾地区保险市场所占份额最大的是寿险和产险。台湾寿险公司中，寿险保费收入市场占有率前三位是国泰人寿、南山人寿、富邦人寿，三家市场份额共 53.28%。国泰人寿和富邦人寿曾一度占据 48% 市场。以新单保费比较，国泰和富邦两巨头占据了一半的市场。国泰人寿占据 26.4%，富邦人寿份额为 21.6%；第 3—5 名分别为中国人寿、新光人

---

① 王建民：《两岸金融往来合作低调前行台湾金融机构大陆获利创新高》，中国台湾网，2018 年 2 月 23 日，https://baijiahao.baidu.com/s?id=1593154562589255141&wfr=spider&for=pc。
② 谢伟、郑境辉、岩坎糯：《我国台湾地区保险业发展的经验及启示》，《金融发展评论》2013 年第 7 期。
③ 郭振华：《台湾保险深度为何冠绝全球？》，新浪财经网，https://finance.sina.cn/zl/2018-04-23/zl-ifzqvvrz8265169.d.html。

寿、远雄人寿，市场占有率分别为 9.3%、7.7%、4.3%。台湾有 20 多家产险公司，其中"产险四雄"富邦、国泰、新光、明台（日资）合计占整体签单保费的 50% 以上，其中富邦产险签单保费的市场份额高达 22.67%，① 具体情况见图 7-3。

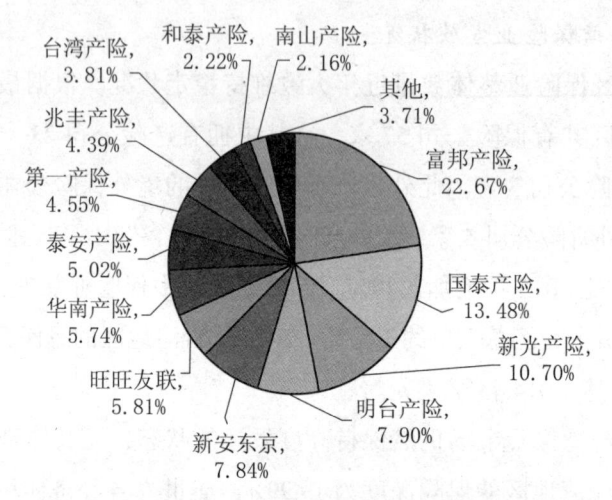

图 7-3 近年来台湾产险业保费收入市场占有率

数据来源：笔者根据相关经济统计数据及公司年报整理而得。

多年来台湾保险业保持领先地位的重要经验，最核心的一条就是台湾保险市场产品丰富，创新力强。不断创新的保险产品，多元化地发展险种，有效刺激了保险消费需求，持续推动保险业快速发展。台湾保险业产品种类丰富，结构均衡。以寿险为例，台湾地区保险市场主流产品有传统寿险（占比 52.04%）、利变型年金（类似大陆万能险，占比 18.05%）、健康保险（占比 10.12%）、投资型险种（主要包括变额寿险、变额万能寿险、变额年金、投连险，约占 20%）。其中，安联人寿的投连险可选择投资的基金种类达 100 多种。丰富的产品，强大的创新能力，增加了台湾保险业的竞争力，使其形成与银行、基金互补的发展格局，确立了自身在金融领域中的地位。②

---

① 郭振华：《台湾保险深度为何冠绝全球？》，新浪财经网，https://finance.sina.cn/zl/2018-04-23/zl-ifzqvvrz8265169.d.html。

② 谢伟、郑境辉、岩坎糯：《我国台湾地区保险业发展的经验及启示》，《金融发展评论》2013 年第 7 期，第 148—153 页。

(三) 台湾证券业发展状况

台湾证券市场分为四个层次，分别是台湾证券交易所、上柜市场、兴柜市场和盘商市场。其中台湾证券交易所是场内市场，服务于大型蓝筹股企业，其他3个市场为场外市场。上柜市场服务于规模相对较小的成长型企业，采取集中竞价为主、议价交易为辅的交易制度。兴柜市场为未上市和未上柜的企业提供交易平台，主要采用做市商制度。盘商市场是一个松散的、以盘商为中心市场，主要采用议价方式进行交易。①

截至2017年年底，台湾股市证券化率为167%，换手率为98%，市盈率约为15倍。上市公司有907家，合每百万人上市公司39家；上柜公司有744家，合每百万人上市公司32家。2017年12月底，台湾债券市场余额达到31 658亿元新台币，台湾期货交易所中交易产品19种，其中包括股指期货、利率期货、单支股票期货、股票期权和大宗商品。

表7-7 台湾近年上市公司情况概览　　　　单位：10亿元新台币

年 度	数量（家）	资本额	成长率（%）	上市公司市值
2008	718	5 735.44	2.39	11 706.53
2009	741	5 869.59	2.34	21 033.64
2010	758	5 927.95	0.99	23 811.42
2011	790	6 152.38	3.79	19 216.18
2012	809	6 384.95	3.78	21 352.16
2013	838	6 610.03	3.53	24 519.56
2014	854	6 783.4	2.62	26 891.5
2015	874	6 950.9	2.47	24 503.63
2016	892	7 021.7	1.02	27 247.91
2017	907	7 136.19	1.63	31 831.94

资料来源：笔者根据台湾地区金融监管机构统计数据整理而得。

---

① 袁皓、张静远：《多层次场外资本市场构建研究》，《新会计》2014年第9期，第18—22页。

表 7-8　台湾近年上柜公司情况概览　　单位：10 亿元新台币

年　度	数量（家）	资本额	成长率（%）	上柜公司市值
2008	539	703.07	-1.64	772.11
2009	546	772.73	9.91	1 914.22
2010	564	705.99	-8.64	1 984.64
2011	607	731.92	3.67	1 417.09
2012	638	666.9	-8.88	1 737.98
2013	658	661.85	0.37	2 324.82
2014	685	679.56	2.68	2 680.56
2015	712	706.19	3.92	2 730.83
2016	732	715.26	1.28	2 722.62
2017	744	722.36	0.99	3 317.04

资料来源：笔者根据台湾地区金融监管机构统计数据整理而得。

表 7-9　台湾近年债券发行情况　　单位：10 亿元新台币

年　度	公　债	金融债券	受益债券	公司债券
2008	3 735.17	806.20	144.28	1 133.37
2009	3 970.85	737.07	105.96	1 081.91
2010	4 334.15	765.94	79.61	1 137.58
2011	4 644.15	847.95	57.35	1 290.29
2012	4 934.30	990.41	40.12	1 523.57
2013	5 209.46	992.36	36.04	1 731.85
2014	5 440.17	1 051.35	23.45	1 870.55
2015	5 569.37	988.91	8.61	1 863.56
2016	5 605.33	977.43	12.41	1 825.95
2017	5 636.33	916.43	9.44	1 860.91

资料来源：笔者根据台湾地区金融监管机构统计数据整理而得。

台湾岛内证券市场起步较早，券商数量较多，而证券商营运受到股市表现之影响，大体而言，除2008年金融海啸影响亏损外，其余均维持一定水平的报酬率。但整体证券业资产总额及净值在2013年之前有减少，主要因电子商务市场普及，券商竞争越趋激烈，部分券商面临亏损。但2013年以后整体证券业资产总额有显著回升，资产净额基本保持稳定。以2017年年底为例，获利券商增加至78家，亏损券商仍有8家。

表7-10 台湾证券公司资产及盈利情况概览 单位：10亿元新台币

年度	资产总额	资产净额	资产报酬率ROA(%)	净值报酬率ROE(%)
2008	8 969.27	4 383.35	−0.87	−1.89
2009	9 283.04	4 557.00	4.22	8.62
2010	11 135.73	4 804.85	3.44	7.50
2011	9 505.09	4 756.38	1.65	3.57
2012	9 382.13	4 758.06	1.90	3.78
2013	11 517.74	4 784.83	1.99	4.36
2014	12 598.06	4 799.11	2.59	6.53
2015	13 283.09	4 906.70	2.01	5.37
2016	13 634.94	4 717.99	1.44	4.03
2017	15 983.72	4 840.03	2.67	8.28

资料来源：笔者根据台湾地区金融监管机构统计数据整理而得。

近年来，台湾证券市场正发生深刻变化。台湾积极加强公司治理和信息透明化。事实上加强公司治理是在证券交易法里面有规范的，特别是导入独立董事制度。因为台湾的中小企业很多是家族企业，所以需要导入外部董事，让公司治理能够落实。至于信息透明化，发行、交易和结算等信息都要更加透明。同时，深入推进交易跟结算平台的电子化。事实上，目前台湾的交易效率和结算效率是跟国际平行的，非常有效率。值得注意的是，台湾正在推动跨业服务整合。目前金融业经营方式大概有两个趋势，即分业经营和混业经营，台湾已经朝向混业经营。混业经营的方法有两种：一种是通过金融控股公司的形态；另一种是综合银行的形态。台湾的做法是，由金融控股公司下面设立银行、证券、保险的子公司，这些子公司通过业务整合和建立共同销售平台，来提升竞争力。[1]

---

[1] 邓利娟：《台湾证券市场发展的经验教训及其对祖国大陆的启示》，《台湾研究》1998年第3期。

结　论

　　由于目前台湾当局拒不承认"九二共识",导致两岸协商中断,相关协议的推进和执行受到严重干扰。尽管大陆会继续落实相关协议,但在缺乏机制化沟通协商的情况下,成效必然会受到影响。因此,当前两岸金融合作将呈现与以往不同的特点。

　　总体而言,尽管由于当局拒不承认"九二共识"导致两岸关系陷入僵局,对抗性持续上升,但两岸经贸交流往来的总体态势并未改变,两岸金融合作依然持续前行。自 2017 年以来,台湾金融机构尤其是银行业因受台湾当局限制性政策影响,在大陆投资布局的进程显著减缓。根据国台办的统计,2017 年只有彰化银行南京分行与国泰世华银行上海分行两家获批筹设。另外,富邦金控公司获准收购富邦(香港)银行的厦门银行股权等。不过,作为专属资本的金融业,其业务主要是服务业活跃的经贸活动。在经贸合作热度不减的情况下,密切两岸金融业往来,持续扩大人民币清算业务与岛内人民币市场规模,成为支撑两岸金融合作的基础。此外,由于台湾金融企业与上市公司在大陆获利显著上升,台资企业大陆上市热度不减,进一步刺激台湾金融机构向大陆拓展市场的热情。

　　与产业合作相比,两岸金融市场开放与合作起步较晚。2008 年,国民党在台湾地区重新取得执政权,两岸关系在"九二共识"基础上取得重大进展,在这种情况下,两岸金融合作取得相应的突破,不仅台湾银行、保险机构纷纷进入大陆,大陆银行也正式赴台设立分支机构,两岸货币清算业务取得突破性发展。随着相关文件的签署,2013 年 2 月,台湾地区人民币清算业务正式实施。中国银行台北分行是台湾地区人民币业务的主要清算行。据中国银行台北分行资料,2013 年 2 月 6 日—2017 年 12 月底,中国银行台北分行办理人民币清算业务 148 万笔,清算交易金额 18 万亿元人民币,其中两岸跨境人民币清算 76 万笔,1 万亿元人民币,在两岸之间运送人民币现钞 94 亿元。① 由于清算机制的建立和人民币国际化进程的加快,再加上岛

---

① 柴逸扉:《一架金桥通两岸——人民币清算业务在台开办五周年》,《人民日报》(海外版)2018 年 2 月 7 日。

内人民币需求的快速增长,台湾银行机构均开设人民币账户,鼓励民众存储和使用人民币,并购买人民币金融理财产品。大陆金融机构也在台湾发行"宝岛债""熊猫债",以满足台湾民众对人民币理财产品的需要。由于利息相对较高,人民币相关产品在岛内出现供不应求的状况,台湾地区人民币市场也因此迅速扩大。截至 2017 年 12 月底,台湾的人民币存款余额达到 3 223 亿元人民币,[①] 人民币存量仅次于香港,人民币成为台湾仅次于美元的外币存款。不只是银行业,包括台湾保险业等在大陆的业务与盈利也有较大斩获。大陆永达代理保险经纪公司在大陆的保费收入快速增加,2015 年为 2.66 亿元人民币(下同),2016 年为 7.6 亿元,2017 年达到 17.8 亿元,较上年增长 2 倍以上,首次超过台湾岛内的保费收入(23 亿元新台币)。台湾永达保险经纪公司获利约 6 亿元新台币,其中四成左右来自大陆永达代理保险经纪公司。依台湾永达保险经纪公司负责人吴文永预计,2018 年大陆永达代理保险经纪公司保费收入将达到 45 亿元,2019 年可能接近 100 亿元,并规划在 2020 年将以两岸永达公司在美国挂牌上市。

为进一步拓展大陆市场,多家台资企业正联合在大陆筹设台商民营银行。2017 年 2 月,国台办主任张志军出席大陆台商春节联谊会时明确表示,大陆有关部门正积极研究允许台商民营银行成立一事,希望新一年有所突破。这一重要政策信息,引起台商极大关注。其中,台湾同胞投资企业联谊会(简称"台企联")筹设进度最快。台企联会长王屏生在 2017 年 4 月就公开透露,已经向银监会递件,银行名称为"台商民营银行",总部计划设在广东深圳前海。为避免垄断,这家台商民营银行初步规划是限制单一企业与个人持股比例,开放更多中小型台商共同持股参与,也不会与台资、陆资银行合资,而是"充分自主经营"。另外,还有昆山、福建等地台商也在争取设立台资民营银行。尽管目前台商民营银行尚未正式成立,但设立的可能性甚高,两岸金融业合作将取得新突破。因此,尽管台湾当局不承认"九二

---

① 喻菲、李凯:《综述:人民币清算业务开通 5 年,促进两岸社会经济融合发展》,新华网,http://www.xinhuanet.com/2018-02/05/c_1122370840.htm。

共识",但在两岸经贸持续增长的推动下,两岸金融合作将以民间、多点、宽域的形式有序发展和成长,从而为两岸经济合作的深化与发展提供新的动能。

(胡云华　盛九元　吴信坤)

主要参考文献

Abraham Denmark, "China Arrival: A Strategic Framework for a Global Relationship", *Journal of Women's Health*, 2009.

Buckley, P.J. Casson, M.C., *The Future of the Multinational Enterprise*, London: Macmillan, 1976.

Caves, R.E., "International Corporations: The Industrial Economics of Foreign Investment", *Economica*, 1971, 38 (149).

Chang, H., "A Model of Computerization on Manufacturing Systems: An International Study", *Management*, 2002, (39)(7).

Dunning, J.H., "Multinationals, Technology, and Competitiveness", Unwin Hyman, 1988.

Elhanan Helpman, "A Simple Theory of International Trade with Multinational Corporation", *Journal of Political Economy*, 1984, 92(3).

Fewsmith, Joseph, "The Political Economy of Cross-Strait Relations: Economic Interdependence, the WTO, and Security", in Julian Chang and Stenve M.Goldstein, eds., *Economic Reform and Cross-Strait Relation*, Singapore: World Scientific, 2007.

Harris, C.D., "The Market as a Factor in the Localization of Industry in the United States", *Annals of the Association of American Geographers*, 1954, 44 (4).

Hymer, S.H., *The International Operations of National Firm: A Study of Direct Investment*, Cambridge, MA: MIT Press, 1960.

I. J. Horstmann and James R. Markusen, "Endogenous Market Structure in International Trade", *Journal of International Economics*, 1992, 32 (1-2).

Knickerbocker, F.T., "Oligopolistic Reaction and Multinational Enterprise", *International Executive*, 2010.

Kojima, K., "Direct Foreign Investment: As Japanese Model of Multinational Direct Foreign Investment", *Hitotsubashi Journal of Economics*, 1978, 23（1）.

Stehn J., "［Book Review of］Dunning, John H.: Explaining International Production, London, Unwin Hyman, 1988", *Journal of Microcolumn Separations*, 1992, 9（3）.

Tain-Jy Chen, Ying-Hua Ku, "The Effect of Overseas Investment on Domestic Employment", *East Asian Seminar on Economic*, 2003（4）.

United Nations Conference on Trade and Development（UNCTAD）, "The New Digital Economy and Development", UNCTAD Technical Notes on ICT for Development No.8, 2017.

Vernon R., "International Investment and International Trade in Product Cycle", *Quarterly Journal of Economics*, 1966.

Wheeler D, Mody A., "International Investment Location Decisions: The Case of U.S. Firms", *Journal of International Economics*, 1992, 33（1-2）.

ADB. Asian Development Outlook 2014, https://www.adb.org/sites/default/files/publication/31241/ado-2014_0.pdf.

Deloitte, 2016 Global Manufacturing Competitiveness Index, https://www2.deloitte.com/content/dam/Deloitte/global/Documents/Manufacturing/gx-global-mfg-competitiveness-index-2016.pdf.

UNCTAD, World Investment Report 2017, http://unctad.org/en/pages/PublicationWebflyer.aspx?publicationid=1782.

PwC:《2018台湾并购白皮书》,2018（5）。

艾瑞咨询集团:《2017年中国第三方移动支付行业研究报告》。

蔡金树、李非、林坚:《台商科技企业投资祖国大陆的动因和环境需求分析——基于祖国大陆台商的视角》,《开发研究》2010（1）。

曹小衡:《深化海峡两岸经济合作战略研究》,《台海研究》2013（1）。

陈德升等:《昆山与东莞台商投资经验、治理与转型》,台湾INK出版公司,2009年。

主要参考文献

陈井安、李东海:《习近平总书记关于两岸融合发展重要论述研究》,《邓小平研究》2018(6)。

陈明璋、萧新永、宋永同等:《2011祖国大陆台商白皮书——台商意见调查与分析》,台北:台北经营管理研究院,2011年。

陈威如、王诗一:《决胜平台时代》,《商业周刊》2016年。

陈晓东:《祖国大陆台资企业的区域集群与竞争优势研究》,厦门大学,2009年。

陈哲正:《台资企业制造业投资中国大陆区位选择之研究》,台湾政治大学硕士学位论文,2003年。

陈子昂:《前瞻两岸科技产业融合发展之新契机》,第九届两岸关系前瞻学术研讨会,上海社会科学院,2018年11月9日。

段小梅:《对外直接投资理论与台商企业的对外投资》,《开发研究》2007(132)(5)。

段小梅:《台商投资祖国大陆的产业类型与区位选择的实证分析》,《台商研究集刊》2006(1)。

冯伟、邵军、徐康宁:《市场规模、劳动力成本与外商直接投资:基于我国1990—2009年省级面板数据的研究》,《南开经济研究》2011(6)。

高希均等:《两岸经验20年——1986年以来两岸的经贸合作与发展》,天下文化出版社,2006年。

耿明斋:《新经济的张力及其对经济增长的支撑》,《区域经济评论》2017(3)。

古维:《海峡两岸高校学生交流合作的反思与路径》,《特区理论与实践》2019(2)。

国家统计局:《内需挑大梁支撑中国经济发展》,2018(4)。

国家信息中心分享经济研究中心、中国互联网协会分享经济工作委员会:《中国共享经济发展年度报告》(历年)。

过文俊:《台商产业集群投资祖国大陆的轨迹及其对内陆经济发展的影响》,《中国高新区》2007(11)。

何兴强、王利霞:《中国FDI区位分布的空间效应研究》,《经济研究》2008(11)。

贺桂芬、陈灏仁:《短链革命》,《天下杂志》2018（643）。

胡少东:《区域制度环境与台商投资大陆区位选择》,《台湾研究集刊》2010（5）。

黄玖立、李坤望、晓鸥:《出口开放、地区市场规模和经济增长》,《经济研究》2006（6）。

黄清贤:《大陆惠台政策有助于两岸融合发展》,中国台湾网2018（8）。

黄清贤:《中国大陆惠台政策的变迁与认知》,《中国评论》2018（4）。

黄亚莉:《新时代推动两岸文化交流合作的路径分析》,《传播力研究》2018（3）。

季波:《中华文化认同在两岸关系发展中的影响探析》,复旦大学硕士论文,2014年。

蒋伟:《空间相关与外商直接投资区位决定——基于中国城市数据的空间计量分析》,《财贸研究》2009（20）（6）。

金克宇:《大陆"对台31项措施"影响评析》,《发展与前瞻学报》2018（6）。

金融监督管理委员会:《金融科技发展策略报告》,2016年。

金相郁、朴英姬:《中国外商直接投资的区位决定因素分析：城市数据》,《南开经济研究》2006（2）。

乐天、段永朝、李犁等编:《互联网金融蓝皮书（2015）》,电子工业出版社,2015年。

李国平、陈晓玲:《我国外商直接投资地区分布影响因素研究——基于空间面板数据模型》,《当代经济科学》2007（29）（3）。

李汉君:《我国FDI流入的地区差异与影响因素分析——基于1992—2007年省级面板数据》,《国际贸易问题》2011（3）。

李毓峰:《论两岸融合发展与融合治理》,《台海研究》2018（1）。

刘佳雁:《两岸融合发展：政策内涵及价值体系》,《现代台湾研究》2018（2）。

刘荣添、林峰:《我国东、中、西部外商直接投资（FDI）区位差异因素的Panel Data分析》,《数量经济技术经济研究》2005（22）（7）。

刘震涛:《台资企业个案研究》,清华大学出版社,2005年。

鲁明泓:《外商直接投资区域分布与中国投资环境评估》,《经济研究》

1997（12）。

马骥：《台商对大陆投资与台商产业结构调整的关系研究》，《北京邮电大学学报（社会科学版）》2008（10）(1)。

梅燕、王誉蒙：《市场潜能对外商直接投资区位选择的影响效应——以我国长三角和珠三角地区为例》，《杭州电子科技大学学报（社会科学版）》2016（3）。

庞建国：《惠台31条与海峡两岸融合发展》，纪念《告台湾同胞书》发表40周年两岸关系学术研讨会，华东师范大学，2018年12月1日。

彭韬、杨柯：《从交流发展到融合发展：习近平总书记推动两岸和平统一的新理念和新路径》，《学习月刊》2019（6）。

单燕：《台商大陆直接投资影响因素研究》，硕士学位论文，苏州大学，2009年。

单玉丽：《台湾当局消极回应"31条惠台措施"的做法与动机评析》，《现代台湾研究》2018（3）。

盛九元：《两岸经济合作的路径选择与机制建构》，吉林人民出版社，2011年。

盛九元：《两岸青年创业的现状与趋势分析》，《台海研究》2018（2）。

盛九元：《两岸区域合作的方式与路径研究》，上海社会科学院出版社，2016年。

盛九元：《两岸区域经济合作的方式与路径研究——基于长三角的两岸产业合作现状及走势》，《上海交通大学学报（哲学社会科学版）》2016（5）。

施振荣：《施振荣开讲——民族品牌升级之路》，万卷出版公司（台湾）出版，2010年。

石正方：《让惠台政策进一步为岛内基层民众带来实惠》，《统一论坛》2011（6）。

史惠慈、陈泽嘉等：《大陆台商全球布局策略研析》，台湾"中华经济研究院"，2017年。

史惠慈：《因应经商环境转变的台商投资布局》，《经济前瞻》2018（176）。

台湾财讯杂志社：《IT零组件关键报告》，台湾财讯出版社，2006年。

台湾经济事务主管部门投资审议委员会：《核准侨外投资、陆资来台投资、国外投资、对中国大陆投资统计月报》，2017（12）。

唐永红：《ECFA下两岸经济合作与一体化发展问题探讨》，《台湾研究集刊》2012（10）。

田泽、张群：《我国市场潜力与外商FDI区位选择关系研究——基于长三角地区面板数据分析》，《开发研究》2012（159）（2）。

童振源：《全球化下的两岸经济关系》，生智出版社（台湾），2003年。

涂汉兵：《台商祖国大陆投资产业集聚问题研究》，江西财经大学，2006年。

王建民：《两岸交流合作三十年的重大价值、成就与省思》，《台声》2017（23）。

王敏：《台商对外经济版图的真实图景》，《理论参考》2015（8）。

王友丽：《台商投资大陆的重心转移：阶段、特征及其影响因素》，《东南学术》2010（2）。

王媛媛：《当前两岸经济合作与产业竞合关系探析》，《亚太经济》2018（12）。

魏后凯、贺灿飞、王新：《外商在华直接投资动机与区位因素分析——对秦皇岛市外商直接投资的实证研究》，《经济研究》2001（2）。

魏明侠、黄林：《互联网金融：研究述评与展望》，《河南工业大学学报（社会科学版）》2015（11）（3）。

吴凤娇：《新形势下大陆惠台经贸政策的成效分析及策略调整》，《两岸经贸》2016（1）。

吴俊、梁琦：《市场潜力、FDI区位选择与吉黑两省的发展策略》，《学习与探索》2010（3）。

吴宜：《惠台政策推动两岸实现"心灵契合"的统一》，《中国评论》2018（5）。

吴中书等：《"美国制造"对台湾全球产业供应链角色之影响与因应》，台湾"中华经济研究院"，2017年。

伍湘陵、邓启明：《大陆沿海台资企业转型升级模式研究》，《台湾研究》2015（3）。

《习近平在纪念告台湾同胞书发表40周年大会上的讲话》，《人民日报》2019年1月3日。

厦门大学台湾研究院：《台湾研究集刊》（双月刊），历年。

谢禾生：《台商资讯产业在长江三角洲地区的集结》，《上海综合经济》2002（9）。

熊俊莉：《两岸社会经济融合的理论与路径探讨》，《台海研究》2017（4）。

徐晓全：《在构建国家治理体系中深化两岸融合发展》，《统一论坛》2018（4）。

许小树：《台商投资大陆区位选择影响因素研究》，华侨大学，2013年。

严泉、张媛：《"一中原则"的台湾认同与两岸社会融合发展的新思考》，《统一战线学研究》2018（5）。

严志兰：《两岸社会经济融合视角下的两岸社区交流合作研究》，《台湾研究》2017（6）。

杨丹：《我国新金融发展现状、趋势研究》，《天津经济》2013（8）。

杨立宪：《两岸交流30年的回顾与启示》，《现代台湾研究》2018（1）。

殷存毅、姜山：《台商在祖国大陆的投资现状及其发展趋势》，《亚太经济》2003（3）。

殷存毅：《新常态下两岸产业合作有新契机》，《台声》2016（2）。

于强、耿曙、陈曦、李扬：《惠台政策对台湾农渔业选民的影响研究：利益、认同与投票行为》，《台湾研究》2016（2）。

于强、耿曙、曾于蓁：《"民心工程"的成效：大陆的惠台政策与台湾学甲的政治版图》，《台湾研究》2018（2）。

张宝蓉、王贞威：《在大陆的台湾青年适应性与满意度分析》，《台湾研究集刊》2014（5）。

张车伟主编：《中国人口与劳动问题报告》，社会科学文献出版社，2017年。

张传国：《台商祖国大陆投资的产业集聚问题》，《台商研究集刊》2005（3）。

张冠华：《两岸产业合作的回顾与展望》，《北京联合大学学报（人文社会科学版）》2013（2）。

张冠华：《两岸经济社会融合发展的内涵与路径探讨》，《台湾研究》2017（4）。

章和杰、姚姝靓、叶园：《两岸金融对中小企业支持的比较分析》，《台湾研究》，2012（5）。

郑学党、华晓红：《全球价值链视角下的两岸产业合作升级路径与策略选择》,《理论学刊》2017（2）。

郑政秉、林智杰：《制造业海外直接投资区位选择的决定因素探讨——以中国、美国及东盟五国为例》,《产业经济研究》2003（6）。

中国福建省委台办课题组：《建设两岸交流合作先行区构建两岸人民命运共同体》,《福建党史月刊》2009（4）。

中国互联网络信息中心：《中国互联网络发展状况统计调查报告》,2018年。

中国人民银行：《关于将非银行支付机构网络支付业务由直连模式迁移至网联平台处理的通知》,2017年。

中国社会科学院：《台湾研究》（双月刊），历年。

中国银监会等多部委：《网络借贷信息中介机构业务活动管理暂行办法》,2016年。

钟厚涛：《两岸交流合作平台机制建设回顾与展望》,《统一论坛》2019（5）。

朱磊：《台商对外直接投资动因实证分析》,《台商研究》2004（5）。

庄荣良：《海峡两岸产业分工合作的动因、模式与经济效应研究》,厦门大学,2009年。

资诚联合会计师事务所：《2017年全球金融科技调查台湾概要》,普华永道（台湾）发行,2017年。

波士顿咨询公司、阿里研究院、百度发展研究中心与滴滴政策研究院：《解读中国互联特色》,2017年,http://i.aliresearch.com/img/20171102/20171102175139.pdf。

《东盟经济动能未减逢低可布局》,《中时电子报》2018年5月10日,http://www.chinatimes.com/newspapers/20180510001305-260208。

《〈关于促进两岸经济文化交流合作的若干措施〉发布实施》,中国台湾网,http://www.taiwan.cn/taiwan/jsxw/201802/t20180228_11928257.htm。

贺桂芬、陈灏仁：《制造全球化的逆袭：短链革命》,《天下杂志》2018（643）,https://www.cw.com.tw/article/article.action?id=5088620。

简立峰：《AI技术IC化台湾具优势》,《经济日报》2017年12月23日,https://udn.com/news/story/7240/2890792。

《联发科跻身中国移动5G伙伴，拼2019年预商用》,《中时电子报》2018年2月26日,http://www.chinatimes.com/realtimenews/20180226002680-

260410。

刘国深：《新发布惠台措施体现诚意善意》，中国台湾网，2015年3月，http://www.taiwan.cn/31t/zcfb/index 46.htm。

《陆经济三驾马车今年更重投资》，《中时电子报》2018年3月7日，http://www.chinatimes.com/newspapers/20180307000304-260210。

商务部统计数据，http://www.mofcom.gov.cn/article/tongjiziliao/。

《台湾经济不景气，可昆山的台企台资怎么越来越多？》，华夏经纬网，http://www.huaxia.com/tslj/rdqy/js/2018/05/5759905.html。

《向川普低头，福特墨国新厂不建了》，《自由时报》2017年1月5日，http://news.ltn.com.tw/news/business/paper/1068421。

《〈远见〉惠台措施民意大调查》，远见杂志社，https://www.gvm.com.tw/article.html?id=43280。

张冠华：《美中贸易战台商应寻求转型机遇》，《联合报》2018年4月6日，https://udn.com/news/story/7331/3071809。

《中国制造2025鸿海大赢家》，《经济日报》2018年4月26日，https://money.udn.com/money/story/5603/3107863。

《中评智库：大陆惠台政策变迁与认知》，《中国评论》月刊网络版，http://www.crntt.com/crn-webapp/mag/docDetail.jsp?coluid=0&docid=105074676&page=1。

图书在版编目(CIP)数据

发展、调整与突破：两岸经贸合作 30 年的回顾与展望 / 盛九元等著 . — 上海：上海社会科学院出版社，2022

ISBN 978-7-5520-3302-1

Ⅰ. ①发… Ⅱ. ①盛… Ⅲ. ①海峡两岸—经贸合作—研究 Ⅳ. ①F127

中国版本图书馆 CIP 数据核字(2020)第 175399 号

发展、调整与突破
——两岸经贸合作 30 年的回顾与展望

著　　者：盛九元　吴中书　陈丽丽　等
责任编辑：王　勤
封面设计：朱忠诚
出版发行：上海社会科学院出版社
　　　　　上海顺昌路 622 号　邮编 200025
　　　　　电话总机 021-63315947　销售热线 021-53063735
　　　　　http：//www.sassp.cn　E-mail：sassp@sassp.cn
照　　排：南京理工出版信息技术有限公司
印　　刷：上海巅辉印刷厂有限公司
开　　本：710 毫米×1010 毫米　1/16
印　　张：11.5
字　　数：200 千
版　　次：2022 年 8 月第 1 版　2022 年 8 月第 1 次印刷

ISBN 978-7-5520-3302-1/F·632　　　　　　定价：79.80 元

版权所有　翻印必究